一起 在路上

熊猫的牵手之旅

林岚 著
熊宜 摄影

华夏出版社
HUAXIA PUBLISHING HOUSE

We're inspired by the creative artist

Eagle Creek inspired, UTC developed.

Inspired by Travel

張军

目录 Contents

序一　为旅行而生　　　/001
序二　熊猫的巧克力花生碎　　/003

- 春 天 -

挪威的声音　　/004
我们的房间面对着开满鲜花的草坪、辽阔的峡湾、连绵的雪山和飞瀑。房间后面的山坡上，开满了苹果花，蜜蜂围着苹果花翩翩起舞。几十条瀑布顺着山壁倾泻而下，被风轻轻吹散。忽然之间，我找到了挪威的声音——竖琴的声音。

公主的微笑——柬埔寨　　/012
天资出众的 Sopheap 曾经是柬埔寨皇族，内战时全家受到族人追杀，父亲的离世和母亲的重病让她过早地承担起了养家的重担，并承受着人们对女人工作的轻蔑和嘲笑。在她身上，我明白了"高棉的微笑"的更深刻的内涵：面对人间无尽苦难，永远都坚定不移、平和、乐观……这是柬埔寨人民的精神！

因为山就在那里——瑞士策马特　　/027
马特峰是世界上最美的山峰，没有任何其他一座山能够这样特立独行，在没有看到它之前，我看着所有的山都看着像它。等看到它之后，才知道其他所有的山都不能与它相提并论。

且行且珍惜——瑞士少女峰　　/037
今天的天气简直好得不可想象，甚至超过了天气预报的预期。登顶之后天空没有一丝云彩，被神圣的雪山环绕，少女峰在群山的映衬下显得愈发壮美，阿莱奇冰河向远处延伸，这是等待十一年后山神给我们的礼物！

- 夏 天 -

飞跃大迁徙——肯尼亚、坦桑尼亚之旅　/048

大群角马来回在旷野上奔驰了几次，突然折回头，先是几匹斑马冲在前面下了水，然后，第一匹角马冲下去，接着所有角马开始兵分两路往下冲。游过水的角马们挣扎着爬上对岸高耸的岩石，相互践踏。水面上漂浮着一具具尸体，秃鹫们群聚在岸边，准备享受它们的美餐。

普罗旺斯的艺术和生活　/065

普罗旺斯是个属于画家的地方，因为这里有太多的色彩。薰衣草的紫、向日葵的黄、阳光下葡萄园的金黄、天空水彩画一样的蓝、晚霞浓烈的红、小镇房子的蜜色……难怪梵高爱这里，并且在此创作了无数登峰造极的作品。

熊猫最美的阿拉斯加　/078

我站在冰冷的河水里，享受鱼线飞向空中发出"嗖嗖"声的自由趣味，一只棕熊在身旁出现，而后跃入水中衔起一条三文鱼（Sockeye Salmon），并快速躲到丛林中大快朵颐……

夏威夷 Lana'i　/105

如果让我一生只能选择很少几个地方去度假，那么其中一个必定是 Lana'i 无疑。Lana'i 可能是夏威夷最安静的小岛，这里没有街头艺人的歌唱，却有风吹菩提的音籁；这里冲浪的少年很少，嬉戏的海豚却很多；这里的夜晚没有灯红酒绿的酒吧和商店，却有在海面上跳舞的满天繁星。

- 秋 天 -

佛蒙特的秋天 /114

经常有人问什么算是登峰造极的秋景，守林人 Richard Martin 说："每个人对 Peak Season 的判定标准都有不同，但我总能清楚地捕捉到，因为每当我遇到它，可能只是阳光照耀的刹那，都会被感动得无法呼吸……"

麦兜的马尔代夫 /120

Sandback 是漂浮在海中的一个 1000 平米的孤岛，小到岛上只放了一张供两个人进餐的桌子。我和 BB 像两个寻宝的孩子，在只属于我们两个人的雪白的沙滩上捡贝壳，天空被霞光渲染成粉蓝，岛周围的海水如同绿水晶般澄澈，朝阳在大海上投下一道跃动的金链。

黄石和大提顿——雄浑荒凉的自然乐土 /127

向导 Sean Beckett 是一位年轻的生物学家，他有鹰一样敏锐的眼睛，能够发现几公里之外的动物踪影；也有孩子一样的热情，即使不带着我们这样的过客，他自己也每天会到国家公园里观察动物，甚至会去动物园看那些国家公园没有的珍禽异兽。

意大利阿玛尔菲海岸——一个让你更爱自己的地方 /140

Antonio 老头坐在店门口做鞋，不时哼着咏叹调。我选了样式，老头神秘地拿出一张老照片，说："你看，你选的这双和当年杰奎琳·肯尼迪照片上穿的一模一样。这里很多样式都是我设计了二十年、三十年的，可是永远不会过时。"

003

目录

西西里的美丽传说　　/149

晚上回到酒店，我们坐在周围种满橄榄树和柠檬树的露台上晚餐，月光如水，琴音如瀑，两座神庙在山顶交相辉映。酒店的菜单扉页上写着这样一段话："我们要感谢神的慷慨，他让我们在享受美食的同时，还能在这个露台上享受比美食多得多的东西。"

希腊——圣托里尼的岛民生活　　/161

街角商店的老大爷也倚在门口看夕阳，见到我们，他热情地张开双臂："噢，我的朋友，今天的夕阳真好啊！"

托斯卡纳的甜美生活　　/169

开车在山间转来转去，落叶轻轻飘舞在空中，阳光把葡萄园照成了金色。我们闻到了各种奇花异草的香味，仿佛进了一个天然的 Spa 馆。在托斯卡纳，只有香醍地区的某些酒庄才被授予生产带有黑鸡标志的葡萄酒，这里成为全世界美食家向往的圣地。

京都 —— 来者如归　　/173

里边的人听到了声音，都跑出来对我们说："Welcome back！"配上川端康成最爱的那句"来者如归"的古匾，让我们感到有说不出的温暖。

- 冬 天 -

太平洋上的黑珍珠——大溪地　　/186

我们躺在院子的长椅上看星星，对着流星大声许愿，肖邦的《夜曲》流出动人的音符，远处传来阵阵香草的甜香。朋友们划着小船在海里看银河，一只巨大的鳐鱼从船边游过。黑夜里，他们的船散发着银白色的光辉。

You Belonged to Me——埃及　　/195

尽管在照片上看了无数次，Mena House 的 436 房间还是给了我们超出期望的惊喜。霞光洒在金字塔和沙漠椰林上，给苍凉的金字塔带上了几许慵懒。的确，这个地方已经承载了太多的沧桑，对于这里，我们应该换一个角度去欣赏它。

走进自然——澳大利亚的生态之旅　　/210

深夜，我们终于发现了一只已经在产卵的海龟，它自己刨了一个巨大的沙坑，蹲在里面，眼睛一张一合，身体下面卧着乒乓球大小的龟蛋。

纯净新西兰的各种光彩　　/223

我有时会想这样一个问题：是不是阅历复杂的人就一定不会透明纯净？是不是个性简单的人就一定不能内涵丰富？十四天后，这个问题在新西兰找到了答案——这个国度就像水晶一般：单纯、透明，却能在不同侧面折射出美丽，光芒耀人。北岛秀美，南岛狂野，各种各样的活动让我们每一天都充满了新鲜和乐趣，相信做人也如此。

孕育弗拉明戈、高迪和毕加索的热烈大地——西班牙　/236

石子小径、雕满花纹的小窗里默默开放的花朵、狭窄巷子中的街灯、家家户户门前用马赛克铺成的台阶、伊斯兰教和基督教文化完美结合的教堂和宫殿、城堡前缓步驶来的老式马车，随抬眼，到处都是唯美的画面。

热情洋溢的桑巴国度——巴西　/248

Jefferson给我们介绍雨林成千上万的植物，可是只要站下来，就有无数蚊虫蜂拥而上。我穿着长袖长裤，蚊子居然从衣服缝里钻进去，一抓就满手是血。来自其他国家的同伴把他们带的防蚊药水都贡献出来给我，仍然无济于事。Jefferson拿出一种臭烘烘的脏油，是从身旁的一棵植物中提取出来的，涂上之后居然马上不痒了。

厄瓜多尔——爱得深入骨髓　/260

这是世界上最近的距离——和动物，也是世界上最远的距离——离我们居住的城市和熟悉的生活。

秘鲁——太阳的国度　/275

我把自己打扮成印加人的样子，戴上小羊驼的帽子，披上皇家羊驼的披肩，站在带着特殊灰黄色的安第斯山脚下，就像《丁丁历险记》里丁丁的印加朋友索里诺那样。

台北慢旅行　/282

台北的趣味，不在她的高楼大厦、现代繁华，她的容颜藏在慢慢行走中发现的老街老巷、用心小店里，她像年轻的小姑娘，洋溢着最真诚的笑容，又像经霜的老婆婆，保留着最旧派的习俗。

附录　在路上，带什么？　　/287
朋友的祝福　　/290

序一 | 为旅行而生

■ Ricky Schlesinger

作为一个旅行家，以及一个旅行行业的从业者，我已经这样过了三十多年。没有什么计划，就这样自然而然地发生。我跟着我的鼻子，跟着我的梦想，然后从某种程度上说，变得出名。

上个世纪70年代，我和几个朋友联合创立了Eagle Creek旅行装备公司，行业和媒体将我誉为探索类旅行装备的鼻祖。我因为改变了人们周游世界的方式，而被推选为当年美国户外行业协会的主席以及旅行装备行业的代表人物。我充满热情努力地工作，也从中享受乐趣。我非常幸运地有机会将自己的事业和我个人的爱好结合得如此完美。非常感谢UTC行家给我机会分享自己三十多年来的经验和知识，并且游遍中国，了解中国的文化，认识一大批中国朋友。

《在一起 在路上》一书的作者Annie和Tony夫妇就是我在中国认识的朋友之一，他们是旅行的行家，每年都花大量的时间在世界各地旅行，收集最有趣的信息和最重要的需要去拜访的地方。和我一样，他们希望将自己的旅行经历分享给更多的人。而跟随本书作者的足迹，我仿佛就是其中的一员，团队中的一分子，分享他们的旅行经历和经验是一份快乐。

对每个人来说，在某种程度上，旅行都是全新的体验，而且提前备好课，比如选择合适的目的地、做计划和做旅行准备，能够让旅行更完美。对于骨灰级的玩家，旅行是个回报丰厚的经历。我们为旅行而生！

世界上有很多旅行的地方，选择符合你兴趣的旅行目的地非常重要。也许你喜欢在五星级奢华酒店充分休息，也许你期望一个更活跃的假期、一次文化学习的经历，或者可能你对野生动物和大自然更感兴趣。但不管你选择什么类型的旅行，准备都是旅行的一部分。你需要为自己即将开始的旅行做好准备，也许就是从选择箱子和好好打包开始。没有一只箱子能够普遍适合每一场旅行，因此让你的行囊井井有条，会让那些在路上的时光更加轻松。你需要为旅行的目的地、天气和住宿选择并打包最合适的衣物。你需要带上舒适的鞋子，因为你很可能会比在家的时候走更多的路。当然，还要带一些防护用品，比如墨镜、帽子和防晒乳。老道的旅行家有他们独特的旅行小技巧和配件，比如处理国外不同电压的转换器，让钱和文件保证安全的办法，或者会随时带着水，从来不会在热天出现缺水的情况。经验丰富的旅行者是聪明的旅行者，他们很懂得提高他们的享受程度，减少不安。

但带上旅途最重要的是积极的态度和开放的心态，随时对一切事物保持尊重并敏锐发现自然界的新事物、世界上不同国家和地区的文化。世界上每个国家和地方的习惯和风俗都不一样，结识新人，看到新的地方，获取新的经历，能够给我们带来长久的回忆。很多这样的奇妙经历不是事先计划的，它们就在不经意间发生，在路上。但是请注意，你是走过的那些国家的客人。

最后，作为一个旅行家，尽可能地去支持当地的经济发展。我尽量住在当地的酒店和旅馆，吃当地的食品。当我为自己家人和朋友购买纪念品时，我会去寻找当地最独特、最具代表性的产品，而且最好是当地人制作的。

旅行是人的生命中最重要的学习和成长经历。如果你在旅行中，在你要拜访的人和地方多花一点精力，那么你的经历就会像花朵一样绽放，你会获得一生中最特别的记忆。生命本身就是一场旅行，好好享受它！

序二 | 熊猫的巧克力花生碎

■ 望京老虎

林岚（我习惯叫她安妮，老公叫她猫头）和熊宜（我叫他小熊，安妮叫他BB，发音"笔鼻"）既是中学时代的同学又是小两口儿，俩人都是我十多年前在普华永道、IBM管理咨询时候的同事，大家慢慢变成了生活中的好朋友，因为有着共同的爱好：爱生活，爱旅游，爱艺术，爱家人。比起走马观花的那种旅游，他俩的视角与众不同；就算去同一个地方，他俩看到的也不是游人蜂拥而至千篇一律的镜头。他俩的游记，是纯有机的世界：纯天然的材料，无添加的展现。小熊和猫头，出了门就是"熊猫组合"，为我们带来了"熊猫的最美旅行"。我们这些朋友是在网上分章节看的，感觉不解渴，遂撺掇他俩结辑成册。

写游记的人很多，攻略之类的让人仿佛带着个计算器，一路告诉你哪里好吃好玩又省钱，忙于算计，往往会忽略最重要的心情；导游书呢，又像面无表情的讲解员，自顾自地一路顺着景点讲下去，也不管听众是不是掉队或者瞌睡。这本书里的熊猫组合完全不是这样，他俩一路相伴，间或约上三两好友，轻轻松松，互相关心，互相打趣，互相鼓励，体味着路上遇到的计划内外的种种新鲜事物，不去斤斤计较或亏或赚。其实行走江湖，总会有亏有赚，里外里是差不了多少的，可心境却是大不同呀大不同！

　　看这本游记，你的嘴角或许会时不时会心地上翘一下。记得有人说过"幽默是聪明人的游戏"，我深以为然。安妮和小熊都是极聪明的人，他俩的幽默有如果仁巧克力里面的花生碎，咬到一粒香半天——在他俩的文章里、照片里时有闪现，非常好莱坞风格的那种，非刻意而为之，不经意间却爆出一个小火花，让你猝不及防被电一下，或咧嘴或捧腹甚至喷饭。比如，在北极圈的船上被发现俩人携带着香蕉那段儿，两个完全不懂得当地习俗的家伙，在船上掏出香蕉想吃，结果成了人民公敌，寥寥数语，出人意料，活灵活现。"我捡起一个（海参），被喷了一脸水，扔掉换一个，没想到这回的黑东西竟然把内脏吐出来了，白乎乎的恶心，我赶紧把它放回水中，它又慢慢把内脏吸了回去……"非常喜剧的白描手法往往最生动，一如清蒸或水煮海鲜，原汁原味的美味！

　　在他俩的游记里，你会感受到普通人看世界的那份真诚、好奇。既有在尼罗河游船上裹着当地风格大袍子动作僵硬的欢乐舞姿，也有在阿拉斯加跟灰熊狭路相逢的惊险——"小径太窄了，熊又太近，根本没有做决定的时间……没办法，我们只好一下子跳进河里，河水太急，没过了腰，我实在不敢往后看，BB回头偷看了一眼，熊终于大摇大摆地走了过去……"世界本来就是那个样子，"这里是熊和三文鱼的家，我们只是它们的访客"，安妮和小熊就是抱着这样的心态行走在这个星球的每一个总能给人惊奇的角落的。

　　开放的胸怀、平和的性格、友好大方地跟世界交流的心态，源于他俩文化底蕴深厚的家庭的熏陶。我知道林岚有个了不起的奶奶：林兰英。在中美两国的物理学界，所有提起这个名字的人，自己脸上都会被映衬着智慧的光芒，因为林奶奶的确太耀眼了——中国科学院院士、中国半导体材料和太空材料之母。1940年从老家福建协和大学毕业之后，1955年成了美国宾夕法尼亚大学建校215

年以来第一位女博士，还是该校第一位中国博士。宾大知名校友录上赫然列示着：巴菲特、林兰英、林徽因……也不知道这个排名是不是《财富》杂志搞的。

　　林爸爸也是中科院的科学家，每次好友们在小熊——安妮家里聚餐并一起下厨做饭的时候，他总会在我这个伪大厨旁边安静地关注着，在最需要帮忙的地方默默出手，比如我拿菜刀剁不开一条大鱼的时候，林爸爸会拿一个早就预备好的木槌子在菜刀脊背上轻轻一砸，鱼就切开了，如同手术台上的器械助理，不用主刀医生开口，通过观察自然知道什么时候需要什么，绝对高智商加高情商，十分给力！

　　两个都在中关村书香门第家庭里长大的孩子，小熊从人大毕业，安妮从北大毕业，又都进入了国际大公司实干苦熬十多年，扎扎实实一步一步，两人都做到了高管位置，并不出人意料。8小时工作之外的内容，似乎更能够体现一个人的内涵。如今，安妮和小熊用"春、夏、秋、冬"四个主题来梳理他俩多年行走世界的游记，完全不同于那些以雷同地域来划分的导游书籍，每一章节既有季节性的相同点，又有地域风情上的明显区别，展示了迥异的视角，读起来真是解渴。

　　我也喜爱旅游，也到处游逛，游记攻略更是读过不知多少。可读到他俩的旅游札记，居然有了新的体验——原来我曾经的那些所谓旅游，其实更多的是带了视觉，忽略了感觉。旅行的路上总是充满了不确定性，有惊喜，也有惊诧——原本好好的计划突然被打乱了，只好多花些钱或者受点儿小罪，这是最平常不过的事情，小熊和安妮也有过这样的体验。只不过，熊猫组合，处变不惊，安之若素，化险为夷，开心感恩。也许是多年做咨询顾问大风大浪见多了历练出来的，但我更相信是他们自身的涵养和来自内心的淡定，让他俩开心或者平静地接受行走路上的这一切。出门，就是一个邂逅奇遇的过程，干嘛大惊小怪呢？世界本就是五光十色的，旅行就是去探寻，一切皆是收获。熊猫组合，让人羡慕地在前面走着。

摄影作品也是他们行走世界的一个亮点。虽然有时候用单反，有时候用卡片机，有时候甚至拿手机直接拍，但每一幅配上文字的图片都仿佛热带海域里的美丽鱼儿一样，夺目又自然地存在着，让你不知到底是浩瀚的海水更有深度和底蕴，还是点缀其中穿梭的鱼儿更灵动，反正是分不开的，让读者的眼睛忍不住在文字和图片之间跳来换去——文字可以让你发挥想象，图片给你直观的展现，图片后面又有新的文字故事接踵而来，带你跟他俩一起周游这个世界……我最喜欢看到他俩或互拍或合影，每一张的风景都不一样，每一张的笑容都是发自内心的——快乐！

记得有一年夏天的傍晚，我陪我母亲在上海花园酒店的庭院里散步，迎面走来了碰巧同在上海出差的小熊和安妮，他俩礼貌地跟我母亲打了招呼，我向我母亲介绍说，"妈，这两位都是我同事，也是小两口儿"，我母亲开心地看了又看，忍不住说："他俩呀，更像是兄妹俩！"从那一次起，我才发现，工作之外的他俩的确跨越了血缘，成为灵魂上的一家人。小熊是个帅气的小伙子，工作上是外企高管，可出门旅行换上猎装或者运动服，立刻化身邻家大哥，悉心呵护那个从小就是同学的邻家小妹。美丽的安妮是幸运的，也是幸福的，有了这样一份感情的寄托，无牵无挂，安心携手，一起瞭望整个世界——在西西里海边的那一刻，小熊突然冒出那句"我真喜欢和你一起玩儿"，不知有多少人能够读懂，反正那一刻，安妮懂了。足矣！

刚又看了一遍他俩在埃及红海潜水的水下摄影照片，我实在忍不住想要再去一趟了……这就是《在一起 在路上》能够带来的效果——不管你去过没有，看到他们居然还能这样玩，心里就会痒痒的。因为这里记载的是发自内心的一种快乐：在最美的季节，和最爱的人，去最美的地方。

山城 Ravello

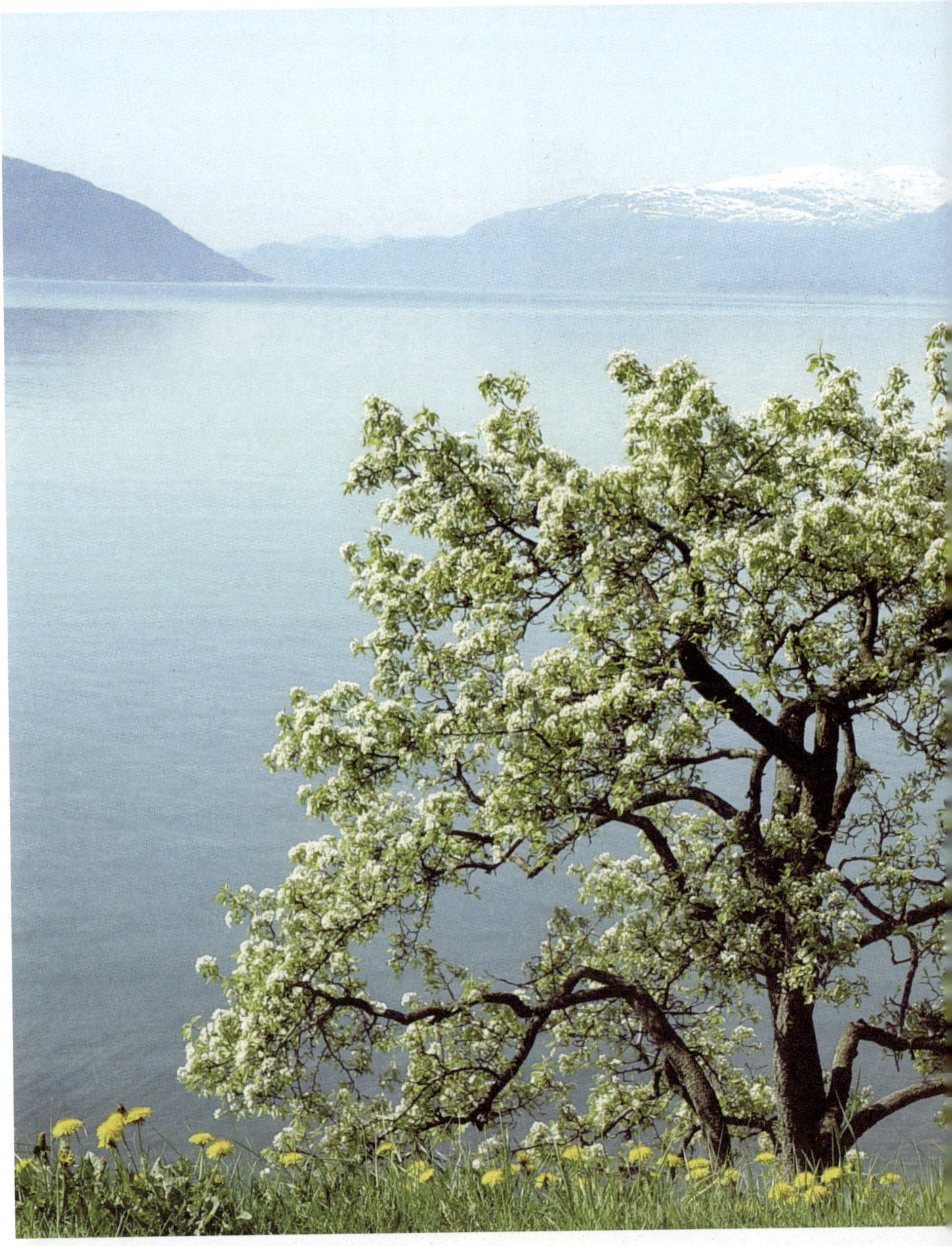

春　天

Spring

挪威的声音

公主的微笑——柬埔寨

因为山就在那里——瑞士策马特

且行且珍惜——瑞士少女峰

挪威的声音

哈当厄尔峡湾

常常，我会突然有一种"懂了"的感觉。出差一个人在酒店，耳畔响起格里格的音乐，忽然就有这种"懂了"的感觉。

在挪威的时候，也听格里格的音乐，在开满苹果花充满田园牧歌般风情的哈当厄尔峡湾，我对 BB 说："格里格怎么能在这样灵动的地方写出这么激昂的作品？我觉得他没有找到挪威的声音。"BB 说："那他就是白吃干饭的嘛！"于是，格里格大师在我们小小的空间里有了一个新名字——"吃干饭的格里格先生"。

可是，今天，我从格里格的音乐里听到了一个更多样的挪威：除了开满鲜花的山坡，还有穿着长裙的山地姑娘在山坡上放歌，驯鹿在被冰河刻上深深烙印的岩石上啃着苔藓，白雪皑皑的山顶上空只有山鹰在孤独地盘旋，瀑布怒吼着横空直下、奔流不息……一路走来，原来这些力量都被我记在了心里，只是在等待一个时刻被重新唤起。

哈当厄尔峡湾冰冻的瀑布

我一直相信，人所不及的地方，还有其他像人一样的隐秘生命。传说中，挪威的精灵——山妖（Troll），就生长在这样茂密的森林和荒凉的山岩间。山妖长得有点丑，个头矮小，满头乱发，蒜头鼻子，尖耳朵，大肚皮，只有四个脚趾和四个手指，外加一根像牛一样的尾巴。这些山妖虽然貌似凶恶，可是天真活泼，心地都很善良。他们是这个国家最早的原住民，只能昼伏夜出，如果太贪玩，忘记在天亮前躲起来，将会被阳光化为虚有或成为山石，所以挪威各地都有许多山妖形状的石头。在挪威的山间林地，常常不经意间看见它们的塑像。

到峡湾的一路上，我和 BB 开开停停，几十公里都看不到一个人、一辆车，好像沿途的一切——墨绿色平静的森林湖面，春日鹅黄的白桦林和常绿的雪松——都成了我们私家庭院中的一部分，或许只有山妖和我们相伴吧！说不定哪一块我们歇脚的石头，就是以前可爱的山妖精灵所变。

我们在雪山环绕的湖边捡松塔，在瀑布形成的水帘中漫步，吃很新鲜的螃蟹钳子和茄汁青鱼，互相讲自己杜撰的山妖故事，几十条瀑布顺着山壁倾泻而下，被风轻轻吹散，在阳光折射下形成红色和绿色的流动。一时间，我们也幻化成了欢乐的精灵，在森林间、小溪旁寻找真正属于挪威的声音。

我们住的酒店叫 Hotel Ullensvang，是一家 18 世纪就开始经营的家族酒店。那时候，挪威峡湾吸引了远近的国王、艺术家和诗人慕名而来。所有人都为这里雄伟的山峰、层叠的瀑布和平静的峡湾所倾倒。格里格就在这里住了很长一段时间，并且在此获得灵感，创作了著名的《清晨》。格里格当时居住的简陋小木屋至今还保留着，而今天，Ullensvang 这个家族酒店规模已经急剧扩大，成为挪威 Prominent Hotel 中的一员。

我们的房间面对着开满鲜花的草坪、辽阔的峡湾、连绵的雪山和飞瀑。房间后面的山坡上开满了苹果花，蜜蜂围着苹果花翩翩起舞，BB 买了件衬衫，扣子上也绣着小蜜蜂。5 月，正是哈当厄尔峡湾最美丽的季节。

晚上吃地道的维京菜，它和自助餐非常相似，不过有严格的程序要求：应该先吃沙拉和奶酪，再吃北极虾、螃蟹等有壳的海鲜冷食，再吃肉类冷食，再吃鱼类热菜，再吃肉类热菜牛排、羊排等，再吃甜品，最后吃水果。我真

5月，哈当厄尔峡湾开满苹果花的季节

的佩服维京人的胃口,可能是做海盗出身的缘故。

当我坐在窗边面对峡湾、耳畔音乐响起时,我对BB说:"我终于找到了挪威的声音,或者至少是哈当厄尔峡湾的声音,那就是竖琴的声音……"

卑尔根

挪威的夏天,天亮得总是很早,BB被阳光叫醒,他迷迷糊糊地说:"今天我要带你去北欧名镇卑尔根,带你去看布吕根,布吕根是德国汉莎商人在挪威的小仓库,是世界文化遗产。我要给你买一件绣着布吕根小房子的T恤,价值100挪威克朗,省得你老说没给你带好看的短袖穿。我还要给买一块大鱼,把你的嘴塞住……"

被他缠得没办法,我只得爬起来去吃早饭。在宁静的峡湾边上慢慢地走,忽然,听到隆隆的打雷一般的声音,我心头一震。"雪崩!"BB叫道,说时迟、那时快,只见对面岸边的雪山上巨大的雪崩体腾云驾雾般地直泻而下,短短几秒钟周围又恢复了平静,草地、鲜花、湖水、鸟鸣,实在无法想象刚刚才发生了一幕险情……

从Lofthus到努尔黑母松的路是哈当厄尔峡湾精品中的精品,5月鲜花盛开,黄的、蓝的,还有淡淡的白色小花,特别是白色的铺天盖地的花朵,在苹果树下,好像是被风吹落的苹果花。

好多好多的瀑布,我觉得再没有一个地方的瀑布像挪威这样多样了,有的雄壮,有的灵秀,自然的神奇永远超出人类想象。在哈当厄尔峡湾,努尔黑母松的大瀑布最有名,可以走到瀑布的里面去玩。只有我和BB两个人,我们在瀑布里面大喊大叫。BB说几个月前他来出差的时候也到了这个大瀑布脚下,别人都上来玩,他没来,还忙着在小店里给我买小玩意儿呢——好感动!

盖朗厄尔峡湾

　　从努尔黑母松开车很久才到卑尔根。到了城市果然开始堵车，而且没有停车的地方——等了半个小时才等到一个停车位，没想到还是错的，我们又因为停错车吃了罚单。

　　布吕根是一些三层楼高、尖顶、狭窄的木头房子，在历史上几经大火，又被重新修缮，现在变成卖各种工艺品的小店。布吕根前面的港口上有个鱼市场，卖各种各样奇怪的水产品。我没有被大鱼塞住嘴，但是买了个大螃蟹盖子，里面是剥好的螃蟹肉——又新鲜又好吃。

　　看到港口上有个"长江酒家"，我们早已厌倦了海盗们粗制滥造的食品，于是心中怀着无限美好的憧憬走进了这家中餐馆，想点一只上汤龙虾。没想到北欧的中餐馆也是海盗食品的质量，饭菜令人难以下咽。怪不得前几年我的一个朋友到了芬兰，去之前还不会做饭，到芬兰后没过几天就开了个中餐馆，自己成了大厨，生意还挺不赖。

回程途中，BB敞篷车开得兴高采烈，忘了在进入一条7公里的隧道之前关上盖子，一下子冲了进去，又冷、风又大、又吵，还不能停车，我紧紧地抱着林熊熊和大阿瓜，出了隧道，脸就变成了农村红。后来在MSN上碰到爱车甚于爱老婆的Prashan，我们告诉他租了辆沃尔沃C70，他兴奋地问："全敞篷吧？开着酷吧？"我回答："很酷，尤其是过隧道的时候！"

遇到酒店主人、盖朗厄尔峡湾

早晨离开Hotel Ullensvang的时候，还没有决定好去哪儿逛逛。本来拿着地图想问路，不留神被酒店里一位风度翩翩的老人看到了前一天的罚款单，他笑着打趣道："你们可以把罚单带回家去做一份特别的纪念。我也是一样，在欧洲其他国家总是因为停不对车挨罚。"

我们问老人应该去近一些的松恩峡湾，还是远一些的盖朗厄尔峡湾，老人坚定地说："盖朗厄尔！绝对的！""多开7个小时也值吗？"BB问。"绝对！无论是风景还是酒店！"于是，老人怀着对挪威无限的热爱和精通开始给我们讲解怎样选择最佳的行车路线，怎样能够看到最棒的风景。

忽然，BB说："您不是酒店的主人吗？我们在画册上看到了您的照片！"真的啊！面前的这位和蔼可亲的老人不就是这个家族酒店的第四代传人吗？画册上有他们几代人身着民族服装的照片，给人感觉仿佛是上个世纪的事情，没想到老人从画册中走了下来。

老人很爽朗地笑了："你们认出我了！"我们请老人给我们签名，他走进房间，一会儿又出来，换了一支Mont Blanc的签字笔，很认真地写下他的名字和

在一起 在路上——熊猫的牵手之旅

祝福。我们送给他从北京带来的福娃别针，老人笑道："2008，咱们北京见！"

于是，我和BB翻山越岭，穿过世界上最长的松恩峡湾，在盖朗厄尔峡湾降落。

在这里，冰河在山的心间刻下深深的痕迹，瀑布在空寂的雪山中发出雷霆般的轰鸣，平静的水面映衬着蓝天和山峦的倩影，山间的溪水歌唱着从小石中奔流而过。我们躺在峡湾山峰之巅，生命蔓延在每一颗沙粒里、每一片摇曳的树叶间、每一滴翻滚的浪花中。这里，浓缩了整个自然！

2007年5月

卑尔根的布吕根是一些三层楼高、尖顶、狭窄的木头房子，以前德国商人的仓库

公主的微笑——柬埔寨

成行柬埔寨，完全是因为我的英国朋友 Andrew。两年前他从周游世界的旅行中归来，这样描述那片贫瘠而又富有的土地："如果你的心中曾经对吴哥有些许向往，那么就尽快去吧！因为她能在你心中留下的一定比你期盼的更多。而且吴哥的原貌可能保持不了多久，因为现代文明正在侵蚀她的原始，而自然也毫不留情地想用盘根错节将她收回，让她重新归于沉寂……"

正因为此，"五一"假期的时候，在我的坚持与执著下，我、BB、朋友荣荣和她的老公王川背起行囊，一起到柬埔寨寻梦。

Annie和她的小团伙

一干人从全国各地汇聚到广州，又辗转越南西贡，最终到达柬埔寨暹粒机场，接机的牌子上面写着"Welcome Annie and her party！"王川说："欢迎 Annie 和她的小团伙，是这个意思吧？"

汽车载着我们沿羊肠小道一路绝尘而行，这是一条新修的路，路面比

Andrew 来的时候已经扩大了一倍。暹粒地区还建起了第一个红绿灯,每天在红绿灯旁边守株待兔可成了当地警察的一大乐事:村民们不知道红绿灯是用来干什么的,所以警察可以很容易地抓到违反交通规则的人,然后再告诉他们今后应该怎样做。

司机愉快地向路上的行人打着招呼,这里只有 1000 多人口,大家都彼此熟识。

进入吴哥游览区前先买票,并且要照相。摆弄数码相机的小伙子非常兴奋,态度极其热情。我们每个人的照片不是照得太高就是太低,小伙子满怀歉意地说希望我们理解,因为在柬埔寨,能够买得起相机的人太少了,连见一见都是个难事,更不要说熟练操作了。

落日的吴哥窟

吴哥分为大吴哥和小吴哥,小吴哥就是我们所熟知的吴哥窟,大吴哥是在小吴哥附近的吴哥城。所有关于吴哥的故事都是这样开始的:1860 年法国人亨利·穆奥(Henri Mouhot)在柬埔寨向导的带领下去看当地人说的一处古建筑遗址,在密林里走了很久,突然,亨利被眼前的景象惊呆了,"犹如在荒凉的沙漠中突然见到一片绿洲"。这片绿洲就是吴哥窟(Angkor),一个沉寂了四百多年的城市。

在吴哥艺术宝库中,吴哥窟(Angkor Wat)是艺术发展的巅峰,她的形象成了柬埔寨的代表,被雕刻在柬埔寨硬币上面。吴哥窟是独特的,她完美地将灵性与对称结合,表现着人类对神灵永久的虔诚与热爱。吴哥窟是柬埔寨民族的心脏和灵魂,是高棉帝国在经历了苦难和战乱后重建家园时灵感的源泉和国家的荣耀。

与吴哥其他的寺庙不同，吴哥窟是朝向西方的。西方象征着死亡，因此很多学者认为吴哥窟可能是个坟墓。正值旱季，吴哥窟旁边没有水的环绕，所以和典型的吴哥窟照片上的画面略有不同。古时候，环绕吴哥窟的水是被用作护城河的，其中还有鳄鱼护卫，现在即使雨季这里的水也比较浅，鳄鱼也不复存在了。

美丽的柬埔寨姑娘 Sopheap 带我们沿着金土色的栈桥向寺庙走去，一些孩子围上来兜售他们的商品，不过他们并不缠人，还保留着率真的性情，把和游客们交流当成一种非常有趣的游戏。有人忧虑地说这些孩子应该送到学校去上学，也有人说这些孩子家里太穷了，是不可能上学的，也许让他们在寺庙周围游荡，和外面的世界接触接触，倒还能够学到一些东西。每个孩子的英文发音和用词都蛮地道的，而且他们都非常聪明，竟然还有人轮番地用中文、日语、韩语试探我们来自何方。荣荣告诉一个爬到树上摘果子的孩子自己名叫"张曼玉"，晚上出门的时候又碰到他，他竟然还"张曼玉"、"张曼玉"地叫着，记得这个名字。

纯真的柬埔寨孩子

在吴哥窟塔顶休息的僧侣

寺庙门口几乎都是断壁残垣，神话中的七头蛇只剩了三个头，昂首挺胸的狮子脚被偷盗者砍走了。天真的孩子在周围嬉戏，快乐与沧桑融为一体。塔尖、石柱、裙裾舞动的神女……一切都是石雕，却栩栩如生地展现着材质的变幻，神女的衣襟似轻柔的细纱，蛇神的身体上覆盖着厚重的鳞片，武士的服装是坚实的铠甲，精致程度简直可以和希腊、意大利的雕塑媲美。

抵达吴哥窟的中心，一座层层叠叠的宝塔高耸入云，荣荣和王川立刻开始攀爬，望着陡峭的台阶我不禁有些犹豫，而荣荣已经站在塔顶赞叹无限的风光了。咬咬牙，我也上！

历尽千辛万苦的攀登真的有所回报，塔顶是一个平台，周边被五座小塔环绕，所有的美丽、精致和圣洁都被浓缩于此。按照高棉人的说法，中间的一座小塔是世界的中心，而东南西北四方的四座小塔象征着东南西北的四方世界。

光影下，一个僧侣凝视着自己面前的佛像，然后拿出一个手机，举在胸前斟酌着照相。我微合双目，坐在回廊的神女边上打坐，阳光照下来，周身被环绕着金色的光晕。BB没刮胡子，穿着一身白衫，靠在石柱上，好像《花样年华》

在吴哥窟塔顶,我微合双目,坐在回廊的神女边上打坐

夕阳西下，从吴哥窟旁边的图书馆废墟看到的神圣吴哥窟

结尾时的场面。

  Sopheap 永远知道哪里最能够发现神奇和美丽，傍晚时分，她带着我们到吴哥窟旁边的图书馆废墟上，静静等待落日。日未落，圣洁的月亮已悄然升起，高悬在吴哥窟的前方。传来叮叮咚咚的音乐，是院子外面有人在举行结婚庆典。夕阳洒在吴哥窟上，光线的变换使她覆盖上华美的金色，映衬她的是柬埔寨一望无际的广袤天空。然后，夕阳从天际隐去，大地、寺庙一切都归于沉寂，等待着又一次的轮回……

吴哥城（Angkor Thom）：高棉的微笑

  为了避开炎炎烈日，我们到吴哥城这天起了个大早。吴哥城是正方形，有五个城门，东边两个，南、西、北面各一个，每个城门口都有两列石雕武士把守。一列人高马大，披盔戴甲，每个人手中都抱着一节蛇的身体，而且嘴角都向下撇着，表情严肃。另一列同样的个头，同样的打扮和动作，只是表情不同，嘴角向上，和善而又专注。原来这是一个神话故事：一正一邪两队人马抱着蛇神寻找水源，谁找到了圣水，谁就能控制整个世界。这场斗争似乎到今天还没有结束，今天的世界上充斥着更激烈的正义与邪恶的战斗，而且似乎还将一直持续下去……

和城门一样，吴哥城内的建筑雕刻处处讲述着生活和斗争的故事。吴哥城的主建筑之一——拜永寺，分成三层，环绕四周的雕刻描述了天堂、人间和地狱的生活场景。有趣的是，地狱的生活似乎并不充满了苦难，有妖娆的舞女翩翩起舞，据说是因为魔王也需要"娱乐活动"。而人间这一层的雕刻更是丰富多彩，真实再现了当年的生活和作战场景。行军作战中，有将军和武士，也有杀鸡宰羊、埋锅造饭的后勤支援，武士中还有几个中国援军，着装与柬埔寨战士相同，但是耳垂比柬埔寨士兵小，还梳着中式的发髻。细细品味每幅石雕壁画，既能够真切地感受到旌旗招展、奋勇拼杀的紧张场面，又能够感受到柬埔寨官兵战胜泰国等劲敌后带着战利品凯旋的欢乐场景。

拜永寺最著名的是平台上的巨型四面人像雕塑，其中保存最完好的一座经常出现在各大旅行杂志上，被称为高棉的微笑。雕塑的脸上带着不惊不徐的神情，嘴角微微上翘，好像佛祖当年拈花微笑时的样子，似乎又有几分桀骜不驯。这微笑要比蒙娜丽莎更加安详、神秘……

坐在吴哥城的断壁残垣上，Sopheap用流利的英语向我们娓娓叙述着她自己的故事，淡淡地，好像这一切是发生在别人身上的经历。历经了太多的沧桑磨难，她仍然是乐观和坚强的，我对自己面前这位温婉的姑娘肃然起敬。

Sopheap曾经是柬埔寨的皇族公主，内战时全家受到族人的追杀，家人四处躲藏，为了防止族人找到自己，家人们每天都要在不同的地方栖身流浪。

即使如此，Sopheap 的家人还是没能躲过劫难，最终，Sopheap 的父亲惨遭杀害，母亲也一病不起。

在柬埔寨，传统的观念是男人工作，女人在家里操持家务和照顾孩子。父亲的离去和母亲的重病让 Sopheap 过早地承担起了养家的重担。女人能够在柬埔寨找到工作实在太难了，Sopheap 刚出道做导游的时候，处处受到排斥，大家都把她当作怪物，但是她微笑着挺了过来。和旧中国一样，在现在的柬埔寨，如果女人想靠自己的工作生存，必须非常出色，要比男人付出多几十倍的努力。

吴哥城高棉的微笑

Sopheap 真的太有天赋了，她的英文发音很纯正，并且还精通法语、意大利语和日语。除此之外，Sopheap 还具有连大部分现代都市女性都没有的见识和见解。Andrew 曾经说过，Sopheap 是他见过少有的天分出众者，因此一直希望有机会资助她到国外接受更高的教育，不过这实在太难了，国外有学校愿意接收一个贫苦的柬埔寨女孩吗？柬埔寨政府会让自己的人民容易地出国吗？这期间不知要打通多少关节。忽然，我明白了"高棉的微笑"更深刻的内涵：面对人间的无尽穷苦和艰难，永远都坚定不移、平和、乐观……这是柬埔寨民族的精神！

离拜永寺不远处是吴哥城的王宫所在，台阶比吴哥窟更高耸陡峭，据说是为了防御之用。相传这里以前住着一位美丽的王后，这可苦了暹粒的国王，他每天都要爬到寝宫顶端与皇后交合，因为当地人认为，交合停止的那一天，就是国王失去江山的那天。

我忽然想起,柬埔寨是世界上妓女比例最高的国家。女人们太需要钱来支撑生活了,又不能接受良好的教育,最方便的就是出卖自己的肉体。这给这片贫穷的土地带来了更多疾病,柬埔寨人的平均寿命只有五十多岁。

旁边是另外一座神庙,名为周萨,还没有完全修复,残缺不全的石块被扔得到处都是,每个石块上面都有个六七位的数字编号,法国专家正在牵头对此进行恢复,其中也有中国技术人员的参与。来自各国的专家们首先要把每块砖编号、拍照,然后再利用计算机系统进行拼接测试——就像是立体拼图,只不过这个拼图实在是太复杂了。

吴哥城的另一处著名所在是战象平台,城墙上雕刻着巨型的大象,上面有明显的枪眼,对面草坪上有真的大象缓步而行,好像一直以来就是这样,历经千年都不曾改变。

中午我们在酒店休息,躲过了最烈的太阳。不过下午出去的时候,还是热到了几乎要中暑。我们先到离吴哥城较远的一处红色土砖的庙宇,色彩与吴哥窟和吴哥城的青灰色有所不同,更为鲜亮活泼。这里比吴哥城的历史更久远,虽然是砖体结构,但没有用一点黏合剂,还能严丝合缝地叠放在一起,千年不倒。

又到另外一个坐落在丛林中的寺庙,有点像是中国的四合院,层层进进,特别符合中国风水学中所讲的"忌直接,喜迂回"。每个窗口望出去,又有更多的窗口、更深的风景。特别是石缝中生长出的参天大树,更给此地增加了很多野趣。人也非常少,使这里简直成了我们的私家宅院。Sopheap 在院子里教我们传统的柬埔寨舞蹈,就像是几千年前雕刻在墙上的神女们跳的一样,给静谧的空间增添了很多笑声。

到最后一处红砖寺庙的时候,我累得几乎走不动了。荣荣和王川精力充沛,又去攀爬了。我和 BB 就坐在角落里休息。两个看上去四五岁的小孩提着篮子走过来,操着稚嫩流利的英语问我们买不买东西,我们摇头,他们也不纠缠,就自得其乐地做起了游戏。其中一个小男孩居然穿着印有台湾青春剧《流星花园》中 F4 和杉菜的 T 恤,他说自己最喜欢的是 F4 中的言程旭。后来才知道,他已经 8 岁了,但是却显得那么小,也许是营养不良吧!我们开玩笑地让小孩们送我们些礼物,两个小孩真的拿着篮子翻了起来。我感动极了,暹粒正成为越来越商业化的旅游区,但是这里的人民还是那么质朴和宽容,这里的孩子还是保持着纯真和童趣。

在回酒店的路上,我看到路边很多猴子等着游客喂它们食物。Sopheap 说这些猴子很懒,有人喂猴子酒喝,猴子醉酒后晚上睡觉从树上掉下来,这些人就抓了它们卖到泰国的餐馆去。还有很多人在砍树,政府对此并没有特别的保护措施,更谈不上有良好的树木再生规划,贫穷和愚昧使人们赖以栖息和生活的土地变得更加贫瘠。

我们的酒店 Sofitel 是当地最好的,平时要 400 美金一晚,我们所去的淡季 200 美金即可。酒店特别营造了一个颇有海滨风情的泳池,让荣荣忘了这是在干旱的沙漠地区,晚上去小餐厅吃饭的时候想点海鲜大餐。每每想起我们一天的酒店费用比柬埔寨一个家庭一年的收入还要多,心里就很不是滋味。

Andrew 和 Sopheap 的友谊就源于对穷苦人的支持。在吴哥旅行,Andrew 发现很多次休息的时候,Sopheap 都悄悄走到远处给穷苦孩子钱,尽管 Sopheap 自己生活已经非常窘困,但还是慷慨地去帮助别人,这让 Andrew 对 Sopheap 非常尊重。而 Andrew 自己也有个目标——每 3 个月要长期支持和帮助一个值得帮助的人,于是,Andrew 选择了 Sopheap 作为自己长期帮助的对象。

Sopheap 是 Andrew 第二次访问暹粒的主要原因,第二次的访问,Sopheap 带着 Andrew 访问了更多鲜为人知的地方,Andrew 也教会了 Sopheap 使用因特网。

离开柬埔寨后，Andrew 给 Sopheap 寄钱，让她买一辆新的摩托车，因为 Sopheap 辛辛苦苦攒钱买下的破旧摩托被人偷走了，这让 Sopheap 伤心了很久。

因为我们是 Andrew 的朋友，Sopheap 把我们当作最尊贵的客人。晚上，我们请 Sopheap 吃饭，Sopheap 就开着自己的小摩托来接我们——一辆非常漂亮的红色雅马哈小摩托，被擦得崭新锃亮，我相信这是整个暹粒最棒的。Andrew 自己还从来没机会见呢！我们就帮他看看、坐坐，再告诉他吧！

达布隆寺《古墓丽影》

在柬埔寨吃饭要特别小心，因为卫生条件差，稍不留神就可能闹病。这不，因为前一天中午吃饭出了问题，王川闹肚子了。荣荣和王川只好错过精彩的达布隆寺（Ta Prohm）——《古墓丽影》的拍摄地。

当初由于拍摄《古墓丽影》让大明星安吉丽娜深深爱上了这片土地，并且在后来多次旧地重游，还收养了两个柬埔寨孩子。现在进入达布隆寺的路上还有当年拍摄电影时留下的沙砾。

如果说吴哥窟会令人赞叹人类的巧夺天工，那么达布隆寺就更让人感受到自然的伟大。为了让大家看到寺庙被发现和清理前的原始状态，这个寺庙中所有的古树都被保留下来。参天的大树从寺庙中长出来，一个人都抱不过来的粗壮树根露在地表，与寺庙浑然一体。而且树根还分离开，把庙门留了出来。Sopheap 说，这说明自然也是有情的。

进入寺庙内部，每个回廊、房间中都被层层叠叠的枝蔓所覆盖，听说这里还是蛇的温馨家园，神秘而又有些令人毛骨悚然。为了避开游客高峰，我们早上六点就到了这里，院子里只有我、BB 和 Sopheap 三个人，还有林中鸟儿的啁啾声陪伴，沧桑中又充满了趣味。

达布隆寺：拍摄《古墓丽影》的地方。这张图片也是 Lonely Planet 里扫地老人所在的门口

达布隆寺里有位著名的扫地老人，在这里日复一日地工作，一晃就是几十年，对此他已经知足，从来没有想过要去改变。后来，他的形象被Lonely Planet捕捉下来，成为《孤独星球：柬埔寨》一书的封面。于是老人一夜之间成了名人，很多游客慕名而来同他合影，并给他些经济上的支持。老人的家一下子富裕起来了，不过老人还像以前一样，每天还是穿得破破烂烂地、很知足地到这里扫地。

位于吴哥城东北约25公里处的班迭斯瑞建于公元1000年左右，相传全部都是由妇女建造的，所以俗称"女王宫"。褐红色的女王宫虽然不大，但却是吴哥最古老且最具有印度风格的建筑之一。这里所有的雕刻都更深入，花纹更繁复，也更精致，其中的神女浮雕更是享有"东方维纳斯"的美誉。宫殿四周环绕着碧水，精巧得简直可以放在玻璃罩子里供人把玩。我惊讶当年柬埔寨妇女的地位似乎比现在还要高些——至少这些女人可以抛头露面地打造自己喜欢的艺术建筑，而且在婚姻方面也占有一定的主动地位。

每次谈到婚姻，年仅23岁的Sopheap就总说自己岁数太大了。在柬埔寨，普遍的结婚年龄是15岁到22岁，Sopheap已经错过了结婚的最佳年龄。男人们往往一听到Sopheap的家庭状况就吓得逃之夭夭了，哪里有人愿意在自己原本沉重的负担上再帮助这个弱女子承担更多的责任。Sopheap的姐姐婚姻也很不幸，丈夫是个不学无术的花花公子，在家还对妻子又打又骂。在Sopheap的鼓励下，姐姐也迈出了坚强的一步——向她丈夫提出了离婚要求。

下午，王川终于好点了，于是坚持着和我们继续逛庙。为什么说是"坚持"？除了身体因素外，荣荣和王川都表示，对于此，实在已经有些审美疲劳了。还有，王川说一路上总是听我和BB互相吹捧，感觉恶心。我们下午拜访的寺庙虽然不像达布隆寺那样枝繁叶茂，但是却有更粗壮的树根，更狂野的情趣。我在菩提树下乘凉，阳光把枝叶照得透明，让我的心也透明起来。

晚上我们去看传统的柬埔寨歌舞表演，基本上是这些日子看到的舞女浮雕的真实再现，也算是体味一下当年的皇族享受吧！

洞里萨湖：孕育高棉生命的摇篮

坐飞机即将抵达暹粒的时候，可以清晰地看到一个泥浆色的巨型湖泊，这是柬埔寨的生命之湖——洞里萨湖，也是东南亚最大的淡水湖。这里孕育了强盛的吴哥文化。

可是，对洞里萨的访问给我带来更多的不是对历史的追溯，而是极度的心痛。首先，沿途的房舍就令人心痛，其实根本就算不上是房舍，每家都是一个5平米左右的草棚，很多的房顶就是用塑料布随便覆盖一下。全家老少都挤着住在这里，绝对家徒四壁，没有一样家具，甚至连基本的锅碗瓢盆都没有。到了洞里萨，更令人心痛，下了车，立刻有肮脏的孩子围上来，眼中满含贪婪，已经失去了孩童的纯真性情。

坐上船游览，一望无际的泥湖泛着恶臭，基本上都是水上人家，孩子们在泥湖中游泳嬉戏，女人们在泥湖中洗衣做饭，男人们划着船在水中捕鱼，富裕的人家在水上养猪，人和猪的粪便都直接排泄到水中。

唯一有些安慰的是路过的水上学校，学校前停着很多小船。正好赶上中午放学，孩子们叽叽喳喳地拥出来，三五成群地结伴划船回家。船都长得差不多，但是每个孩子都知道自己的船在哪里，孩子们划船的技术也非常娴熟。看到充满欢笑、朝气蓬勃的他们，觉得柬埔寨的未来还是充满希望的。

这是在吴哥的最后一晚，傍晚时分，我们请求Sopheap带我们再到吴哥窟去。夕阳在吴哥窟上投下了金色的光晕，古老的高棉，年轻的柬埔寨，几天的拜访给我们留下深深的思索。

在吴哥窟的最后一晚，我向吴哥窟说"再见"

结　语

　　吴哥给世界留下了太多的苍凉与悲哀，曾经的尘华与喧嚣已然化作了战乱、贫瘠与苦难。这里的人民虽然贫穷，却坚韧不拔，积极乐观。接触他们、了解他们，在我心中留下的是比经世绝伦的石雕艺术更为深刻的震撼。

　　花上一周的时间在吴哥细细品味，在寺庙群中闲适地漫步，对自己最喜欢的地方在一天不同的时间里访问几次，感受光线变化给建筑赋予的生命力，在当地的向导的陪同下最充分地利用时间，听他/她讲述吴哥的故事和自己的生活，才能真正体会和理解这片贫瘠而又富有的土地。

2004 年 5 月

因为山就在那里——瑞士策马特

是瑞士让我爱上了徒步，也只有在瑞士我才爱徒步。涛哥说过一句特有哲理的话："基本上徒步是个很精神层面的东西，不是看你体能有多好，而是看你对它有多爱。"

从莱蒙湖到策马特，放下车子的敞篷，一路上弥漫着青草与牛粪混合的新鲜空气味，牛铃伴着鸟儿歌唱。

早晨六点醒，一看窗外，我一股脑儿爬起来，还大呼小叫地弄醒了BB。昨天阴雨，到了策马特什么也没看到。今天是个大晴天，梦中的马特峰就在眼前，我们高兴得几乎要拥抱了，BB说："我们很有看雪山的运气。"

马特峰是世界上最美的山峰，没有任何其他一座山能够这样特立独行。在我们没有看到它之前，感觉所有的山都看着像它。等看到它之后，才知道其他所有的山都不能与它相提并论。可能这就是为什么派拉蒙电影公司选择它作为影片开头的原因。

马特峰山脚下的小镇策马特给人的感觉比任何地方都更加平等，这里不像少女峰所在的因特拉肯，有那么多顶级酒店，而且再豪华的跑车也要停在村外。

策马特镇子里的酒店阳台可以看到马特峰

马特峰日出

①马特峰有很多徒步路线
②到达山顶的观光列车
③能够在山脚下吃冰激凌的小店
④微风吹碎了山的倒影，有个女孩在 Grunsee 湖边晒日光浴

所有的人都在行走，有拄着拐杖步履蹒跚的老人，也有跟跄学步的孩童。在山里，没有金钱与地位的差异，只要你能够呼吸，有时间、有欣赏的心情，那你就能够平等地享受这里的一切：世界上最美的雪山、鲜花与湖水。

坐缆车到海拔 3883 米的 Klein Matterhorn，可以看到马特峰的另一面，山顶上，耶稣受难的十字架堆满了雪，甚至神和人也在圣洁的天空和雪山下平等对话。

从 Furi 开始，在马特峰山脚下徒步，一个多小时的路程，有农舍、村庄、在花园中劳作的老人、牛群、黑脸羊、森林、开满鲜花的田野，还可以在阳光下面对山峰吃个冰激凌。

前一天在山脚下的酒店稍作调整，第二天我们便搬到了山顶上由天文台改建而成的酒店 Kulmhotel Gornergrat。住在全景雪山房间 Mountain Rosa，进门的时候，270°的大玻璃窗，被雪山山峰所环绕，白茫茫一片，眼睛都晃花了。

这天我们走了 3 个小时，从 Riffelalp 到 Grunsee 再折回。在悬崖边行走，在泥潭雪地小溪跋涉。到了湖边，所有阿尔卑斯最美的山峰都从云中伸展出来，将我们包围。微风吹碎了山的倒影，有个女孩一个人在 Grunsee 湖边晒日光浴，有人乘着滑翔伞与雪山对话。这时候总让我觉得人真的需要得很少，因为自然已经给予了我们太多了。

夜幕降临，最后一班下山的火车早已经停运，白天上山来的游客们杳无踪影。山顶酒店里住了五家客人，享用着酒店特别准备的特色晚餐。我选了瑞士肉火锅，待服务生端上来一看，我感觉跟老北京涮肉差不多，于是欣喜若狂。

回到房间，忽然隐隐听到"咩咩"的声音。虽然外面很冷，好奇心还是驱使我们下了楼。原来，寂静山巅来了罕见的访客——岩羊（Steinbock）一家，它们从下面深深的峭壁爬上来，白天人多的时候见不到它们的影子。我和 BB 终于兴奋地抱在了一起："这里太好了！"

躺在床上面对马特峰，坐在沙发上面对罗萨峰。第一次和雪山一起醒来，

在一起　在路上——熊猫的牵手之旅

也一起睡去,看他们在星星月亮陪伴下慢慢暗下。这种感觉很神奇,在山顶,即使很晚了,还能看到雪山的剪影,星星和月亮也从来没有过这样的纯净。

早晨从 Raffelalp 到 Zermatt,路过两个湖,走了 5 个小时。下山经过一个超级可爱的村落,只有我们两个人,坐在草地上,面对马特峰,掏出一块最臭的奶酪,就着山泉水一吃,超级瑞士!

所有人都对我们说:"你们很幸运,策马特的天气已经坏了一个月,这两天刚刚好。"12 年前我们的蜜月之旅到策马特,并没有看到雪山。甚至《左右瑞士》的作者还因为在这里等了很多天,临走时才忽然看到雪山而顶礼膜拜。我相信只要是虔诚而来,雪山就会被感动。

晚上一夜大风,不断听到放鞭炮一样的声音,大概是雪崩。服

住在 Kulmhotel Gornergrat 山顶酒店,当白天有人离去,只剩下 5 间房间的客人,我们碰到了岩羊一家

因为山就在那里——瑞士策马特

①住在山顶，月亮静静地在雪山上撒下光华
②坐在草地上，面对马特峰，我掏出一块最臭的奶酪，就着山泉水，超级瑞士
③太阳映红了云，云又映红了山，罗萨峰好像害羞的新娘
④冰河

图 为山就在那里

务生说今天天气不会好，可我们还是五点半起了床。山上环绕着浓浓淡淡的云，太阳映红了云，云又映红了山，罗萨峰好像害羞的新娘。这是我们从来没有见过的美丽，很多著名摄影家专程在此住上很久，就是在等这样的天气。等待和尝试从来没有让我们失望过，只是时间的问题。

住在山顶两个晚上，每当朝阳映红群山之巅，每当月亮静静地在雪山上撒下光华，每当岩羊在凛冽山风中的峭壁上昂首而立，总有种热泪盈眶的感动。山顶酒店的女侍者说，正是因为喜欢巅峰的寂静中常人无法感受到的风景，她才选择了在这里工作，并且曾经征服了很多座高山。追求再多，也比不上纯净空气溢满胸腔那一瞬间的满足！

那就行走吧，因为山就在那里！

2013 年 6 月

提示

策马特最佳旅行季节

策马特每年 6 月 16 日之后才全部开放，也就是在滑雪旺季和夏季之间休息一个月，之后缆车、景区、顶级酒店才开始运营。特别是著名的能看到马特峰倒影的湖 Riffelsee，到 7 月初才完全解冻。但是有朋友 7 月中旬去，雪山已都化了。所以选择 6 月底 7 月初去是最好的季节。

策马特的住宿

Kulmhotel Gornergrat, +41 (0) 27 966 6400, CH-3920 Zermatt, www.gornergrat-kulm.ch。

这是雪山山顶的酒店，风景独好，特别要预定名为 Mountain Rosa 的套房，躺在床上看着马特峰，坐在沙发上看着罗萨峰，洗澡又看到不同的山峰和冰河，那种体验太独特了。

且行且珍惜——瑞士少女峰

因特拉肯

我坐在少女峰脚下，天气和美，在房间的阳台上，面对雪山，喝着下午茶，很多滑翔伞在群山间飘荡，自己也成了楼下旅人镜头里的风景。BB 说："我那年就想住在维多利亚少女峰酒店，可是那时候咱们两个的工资加起来还不够住一晚的。"

此时心中感慨：11 年前的蜜月旅行，我和 BB 背着包，从因特拉肯西站走到东站，经过这家维多利亚少女峰酒店门口，希望在酒店前草地长椅上一睹少女峰芳容。可是停留时间太短，并没有看到。

这次我们开车到镇子的时候，转过一个街角，我大声"哎"了一下，BB 猛一刹车，以为要撞到什么了。我说："雪山雪山！"BB 回头也惊叫道："少女峰！"因为等了 11 年，终于看到，来不及说话，只能喊出一声，心存感动。

晚上到图恩湖畔的 Neuhaus Zum See 吃饭，夕阳染红了整座山峰，远处的村落像闪闪发亮的红宝石，天鹅、野鸭在湖边休息。BB 说："这回我们又来对了，就凭这座红山也值得专门来看。"

在服务员的推荐下,我点了野生鳟鱼,比怀柔的虹鳟小很多。本想像怀柔那样加点辣椒和孜然烤着吃,后来发现这么鲜嫩的鱼清蒸最对了,吃起来有大闸蟹的味道。侍者虔诚剔鱼骨的样子,更让人觉得该珍惜享用。作为头盘的鱼汤用料也很足,值得一试。

少女峰

早晨五点半醒来,我在少女峰下享用阳光早餐,奶酪品种很多。瑞士每个地区只能生产当地品种的奶酪,因为每个地区的草不同、花不同,牛也不同,限制生产可以避免同质化竞争。虽然都是奶酪,有干的、湿的、臭的、香的、咸的、酸的、甜的,回味无穷。据说奶酪鉴赏家可以分出有些奶酪里面含了多少花香。当一块臭奶酪缓缓落入口中,我想,是不是这些专家从牛粪的味道中也能闻出其中含了多少种花的香气呢?

今天登山。瑞士有无数徒步线路和组合,有适合一般人的一小时旅程,也有给登山大拿设计的十四天之旅。

昨天和酒店礼宾的老头研究了半天线路和交通工具组合,老头说:"明天我休息,也许会在山上碰到你们。"爱山的人在这里聚集,边打工边玩,10年前那个爱火车模型、爱山的德国老头还住在这里卖火车。

从因特拉肯到少女峰的 Top of Europe,要换两次火车,两个半小时的车程。因特拉肯到 Kleine Scheidegg 是前半程,山脚下灰色的溪水时而左时而右地在铁道边陪伴我们。到了劳特布龙嫩,有很多瀑布,有的长长的一条从峭壁飞泻而下,有的层层叠叠宛若落入人间的精灵。"劳特布龙嫩"本身就是瀑布的意思。一个 7 岁的美国小孩不时用各种字眼表达对美景的惊叹,用相机拍照,看来这

路过因特拉肯到 Kleine Scheidegg 的路上，小湖里映着雪山的影子

么小的孩子已经学会欣赏了。

  再向上，高山村落在山坡上铺展开来，有摆满鲜花的木屋、佑护村落的雪山、满山遍野的花朵、悠闲吃草的奶牛，小湖里映着雪山的倒影。这时，很多人都开始有了高原反应，觉得有点闷，可是我的肺活量太小了，一点反应都没有。

  从 Kleine Scheidegg 到 Top of Europe 是后半程，险峻的高山上覆盖着白雪，以至于 BB 以为自己的相机坏了——照片都成黑白的了。这段行程可以看到艾格尔冰河。1912 年，这条建在艾格尔山肚子里的铁路建造完成并运营至今，到今年正好是一百年。我们买了一本纪念册，上面写着"1919—2012 少女峰铁路"，看来我们又在无意中踩正了点。

  天气简直好得甚至超过了天气预报的预测。登顶之后天空没有一丝云彩，被神圣的雪山环绕，少女峰在群山的映衬下显得愈发壮美，阿莱奇冰河向远处延伸，这是等待十一年后山神给我们的礼物！

铺两个登山垫子在雪地上，我拿出小水壶喝点水，放一段洁白瑞士的音乐，因为"懂了"而流泪。

红色直升机缓缓升起，滑翔伞从4000多米的巅峰滑过，我们两个人拿着冰镐向山顶冲击。自然的伟大总与人类的伟大交相辉映！

回到 Kleine Scheidegg 午餐，面对少女峰，百花盛开，花香四溢，繁花如地毯般铺陈在雪山脚下，为雪山礼赞。这次少女峰给了我们太多太多的恩赐，让我们从各个角度完整地欣赏她。

这时候山间忽然传来类似飞机飞过又有点像打雷的巨大轰鸣声，它层层滚来，我和BB对视道："雪崩！"走过一个老外，也说道："雪崩！"然后告诉我们："书上说这个季节雪崩是常事。不过，我们都很安全。"然后沿步行小径向下一站走去，留下一句："在瑞士，每个人都有太多选择！"

我们在格林德瓦尔德买了 Kompass 出版的《阿尔卑斯野花手册》，明天选择几条徒步线路一试身手。

阿尔卑斯的行走

早晨醒来，少女峰再次给了我们惊喜，在山下的酒店看到她完美的倩影。按照酒店礼宾的话说"找不到比今天更完美的天气"。他推荐我们去 Schynige Platte，说能够满足我所有的要求：很多鲜花，能看到湖水和雪山。

在 Wilderswil 坐上红色登山小火车，我们来到 Schynigr Platte，三大山峰、周围的雪山和极澄澈的天空迎接我们，只有这里，才能够欣赏伯尔尼地区的雪山全景。

徒步路线一边是全景的雪山，另一边就是伯尔尼高原地区最璀璨的两颗明珠——图恩湖和布里恩茨湖。晴天的图恩湖是宝石蓝，布里恩茨湖是孔雀绿。中

繁花如地毯般铺陈在雪山脚下

火车从两湖之间开过

间是因特拉肯小镇——这个名字就是"两湖之间"的意思。

　　看到有生以来最多最多的野花，以前人们总是说红花黄花，殊不知这红、黄、蓝、紫、绿、白的花朵也有这么多品种，即使很相似的野花也可能是完全不同的品种。拿着 Kompass 的花卉手册，随便在山坡上一坐，就能找到十几种。

　　有人在山里唱起了约德尔民歌，类似《音乐之声》里的牧羊人之歌，高一声低一声地转换，配合着山谷里的回音、山上另一个地方的应和，无比欢乐！

　　我一会儿看山、一会儿望水、一会儿坐下来研究一下脚下的野花。花是最美的花，雪山是最壮观的雪山，湖是最灵气的高山湖水，天气是最好的天气。站在山巅，我向三大峰一一行礼，感谢它们给了我完美的生命体验。

　　中午，在山上的观景餐厅 Schynige Platte Mountain Hotel 吃饭，这个餐厅加酒店 1902 年就建成了，直到去年才修建了新的观景平台，在无敌风景中享用美食的幸福不言而喻。

除了鲜花与雪山,因特拉肯还有美丽的瀑布。Trummel Bach-Falle 容纳了从少女峰冰河融化后流下的十条瀑布,其壮观景象和轰鸣的水声简直让人震撼到恐惧。这里是欧洲唯一的在山内且能够进入的瀑布,也是联合国自然遗产之一。水呼啸着奔涌而下,激起的水浪好像煮沸的开水,接近水边时又寒气彻骨。

我告诉BB,瑞士雪山的水经常被制成化妆品,是全世界最贵的,其中尤以少女峰的雪水珍贵。于是,每到一个平台,BB就叫:"BB啊,快来,这里可以冲脸。"然后跟我一起把头伸过去,接纳瀑布溅起水花后产生的水雾。我们相视而笑:"年轻呐!"后来一照镜子、一摸脸,真的嫩了很多,神奇!是不是这就是传说中能返老还童的神水呢?!

瀑布流出山外,就是我们看到的灰白色溪流。BB说:"水在山里就好气,轰轰轰,出来就好高兴,哗哗哗,好像在笑咧!"

不远处是一个挂着瀑布的小村落,好像童话世界。就是这些童话一样的风景,才让我们有各种童话一样的想象。

此外,米伦是我很喜欢的一个山地小镇,不通汽车,从劳特布龙嫩坐缆

Schynigr Platte,三大山峰和周围的雪山迎接我们

世界上还有很多地方等着我们用脚步去丈量

车 40 分钟，中间还要换乘一次缆车。家家都种着漂亮的花朵，空气中飘荡着鲜花和着青草的芬芳。街上几乎不见游客，本村的人也很少。我从鲜花山坡上走过，花开得快一人高。牛羊在山坡上悠闲地吃草，羊铃轻灵，牛铃悠远，背后是近在咫尺的雪山，组成一幅瑞士的田园牧歌。

晚上，我们到布里恩茨湖边的布里恩茨小镇吃饭，坐在水边，享用伯尔尼高原牛排。布里恩茨人说他们这里是全世界最美的地方，有最美的湖水、雪山、瀑布，更多还要什么？

且行且珍惜

今天全瑞士下雨，小溪溪水变成了狂流。本来应该今天回国，可没票了，就留下购物和 SPA。

在酒店 ESAP 体验了瑞士的 SPA，感觉和东方的 SPA 很不同。泰国巴厘岛的 SPA 更注重精神升华，而瑞士的则更注重功能保养，很多世界明星都到瑞士来保养肌肤。

Beatenberg 是沿布里恩茨湖而建的小山村，从这里乘缆车 15 分钟到山顶的 Niederhorn，可惜我们在时雨下得更大了，否则可以从山上走到中间的缆车站，一个半小时里一直面对雪山、布里恩茨湖，还可以看到牛群和遍地野花。

山顶有个餐厅 Fritz Bieri，做饭很好吃，特别是炖牛肉很好。老板很惊讶我们会到这里来，因为这里是瑞士人的后花园，很多本地人喜欢在这里徒步，这里名气没有那么大，风景好人又少。

坐在餐厅里，我一个劲儿地往外看，BB 说："别看啦！好像浑身力气使不完，要徒步似的。"以前每次爬山都要问"还有多远啊"的我，这几天每次都说"我们去那边走走吧！"

下了山，我们购置了一套徒步设备——专业的徒步包和手杖。许下新的愿望："希望每年至少有一周时间徒步，挪威峡湾、英格兰湖区、美国国家公园……"世界上还有很多地方等着我们用脚步去丈量。

2012 年 6 月

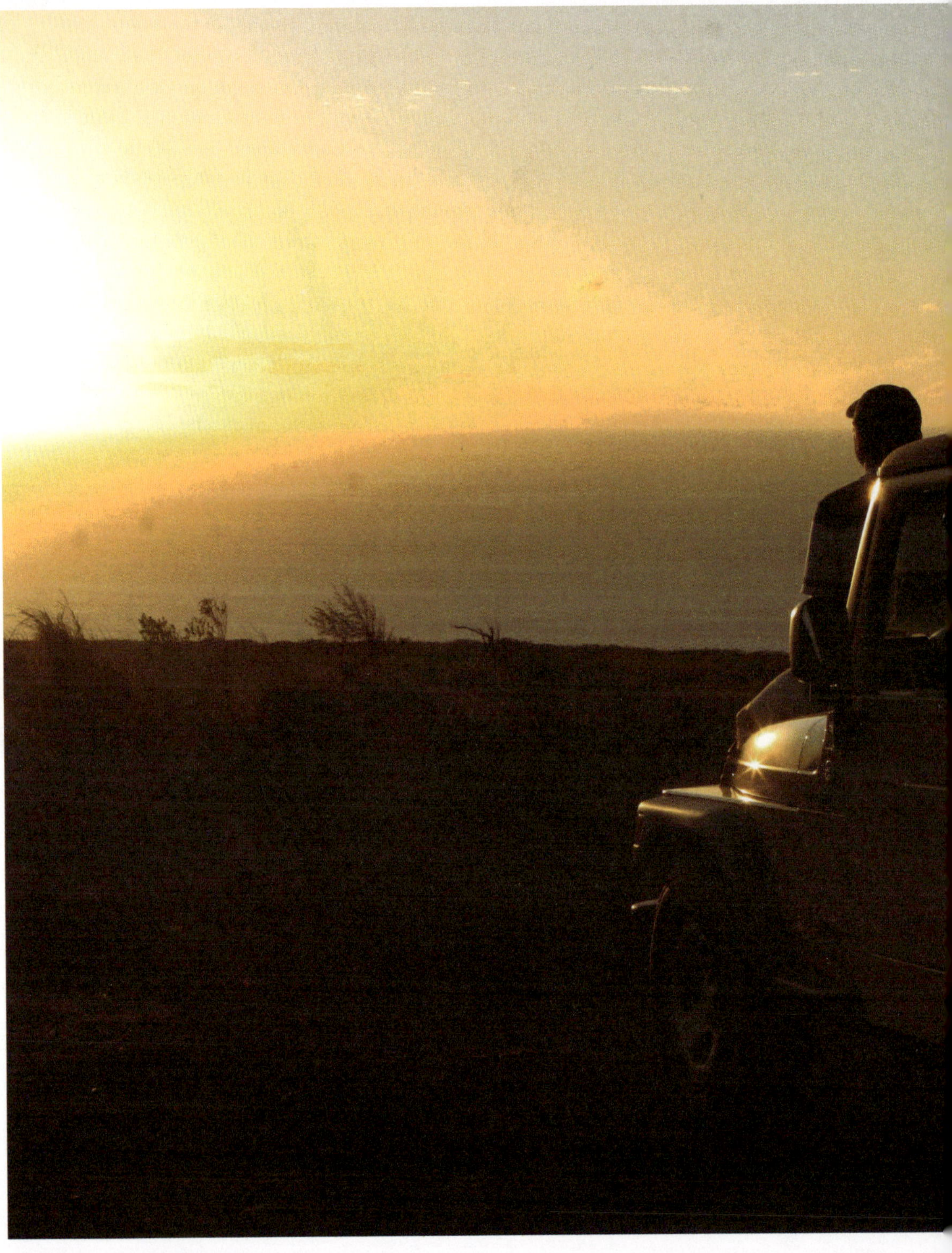

夏 天

Summer

飞跃大迁徙——肯尼亚、坦桑尼亚之旅
普罗旺斯的艺术和生活
熊猫最美的阿拉斯加
夏威夷 Lana'i

飞跃大迁徙——肯尼亚、坦桑尼亚之旅

Arusha

飞机在炽热的黄褐色平原上降落,内罗毕的金合欢树张开双臂拥抱我们,就这样,我们第一次踏上了非洲大地。

坐在打扮成大绿鸟样子的螺旋桨飞机里转往坦桑尼亚 Arusha,大朵大朵飘移的白云在草原上投下了影子,好像兽群在迁徙。忽然看到云端耸立着一座覆盖白雪的黑色山峰,这是非洲的灵魂——乞力马扎罗山。

Arusha 是坦桑尼亚第三大城,像京郊和苏梅的混合。住在 Arusha Coffee Lodge 咖啡园木屋里,在壁炉旁喝鸡尾酒,BB 说:"怎么有在顺义的感觉呢?"非洲的服务永远是慢慢的,于是,节奏也在女侍者扭动的腰肢中缓慢下来。

第二天早晨,摘咖啡的妇女头顶大筐走出园子,我们也出去体验生活。Arusha 的标志是非洲之心钟楼——当年未建成的开罗到开普敦铁路的中间点,大把游手好闲分子聚集在此寻找行骗机会。Masai Market 充斥着粗糙的手工艺品,摊主们生硬的"You are welcome"(非洲人说英语"欢迎你",就是"You are welcome"，所以一开始我们都很不适应），感觉想把我们五马分尸。

叶公好龙后，我们回酒店享受香醇咖啡的下午。未来几天，在这里我们会和另外七个 A&K 团友会合并一起度过。他们都生活在美国，其中两个是印度婆罗门，另外五个是一家人，为了庆祝女儿毕业，做父母的把儿子扔在家里参加了这个旅行。

坦桑尼亚段的向导（又叫动物学家）Ally 也来了，听说我们来自中国，特别亲切地说自己曾经在 1976 年代表坦桑尼亚国家足球队到北京见毛主席，但抵达北京后的第二天毛主席就去世了，于是全队打道回府，自此再未去过北京。

Ngorongoro

从 Arusha 出发，飞过东非大裂谷，飞过卷着旋风的荒野，几只狒狒在 Ngorongoro 保护区迎接了我们。

在火山口边缘长满金合欢树的山顶驻扎，端杯红酒，身披马赛毛毯围坐在篝

我们在火山口边缘长满金合欢树的山顶驻扎，落日余晖染红天际

马赛人在山顶为我们唱起大歌，我们和他们围着篝火一起跳舞

火旁，落日余晖染红天际。烛光晚餐后走出大帐，满天繁星像钻石一样熠熠发光。

A&K 是全球顶级的旅行公司，号称"为只乘坐私人小飞机旅行的群体服务"。

为了庆祝结婚十周年，我们参加了 A&K 的非洲行程。其中这一段海明威之旅，是 A&K 的特色——住在最适合看到动物的临时帐篷里，所有供给都由另外的车辆备在旁边，就像当年海明威的旅程一样。

每个帐篷都配备一位黑人管家伺候起居。想洗澡的时候，管家就从另外的车中取出热水准备好，里面的人喊"水大点"，他就会在帐篷另一边摇动装置，人工操控水的大小。

第二天，透过清晨薄雾，我发现了第一匹斑马、第一只鬣狗和第一群水牛。阳光透过云层在大地上投下一道道光柱，整个草原生机盎然。雄狮在河边喝水，雌狮和幼狮昏昏欲睡；大象在丛林觅食，近到能听见它的呼吸；瞪羚和鸵鸟跟着车奔跑；河马、斑马和角马是陪伴草原早晨最动人的风景。

Ngorongoro 火山口底的湖水孕育了常驻于此的动物居民，草原上遍布着大象和水牛的白骨，生命的轮回每天都在这里上演。黑人管家在丛林中搭好桌椅，为我们准备了丰盛的烧烤午餐。午后阳光炽热，一只狮子钻到车底下乘凉，两只罕见的黑犀牛悠闲踱步。

傍晚，回到宿营地，马赛人在山顶为我们放歌，篝火和晚霞映红着我们的面庞。

塞伦盖提

塞伦盖提是马赛语"无尽草原"的意思，这才是我梦中的辽阔非洲。

獾在白蚁丘上觅食，毛茸茸的鬣狗一家在树下嬉戏，疣猪（狮子王里的蓬蓬）总是笑眯眯地排着队走路，"Hakuna Matata！"我们打招呼。

长颈鹿是草原上忧郁的流云

长颈鹿是草原上忧郁的流云，我们从家中带来一起旅行的小长颈鹿终于有了名字——Twiga，斯瓦西里语是"长颈鹿"的意思。

草原上没有洗手间，如果我们谁想方便一下，司机就要巡视一圈，确保没有狮子，才让客人下车。不过还是经常会跳出一两只羚羊，吓人一跳。

傍晚，猎豹妈妈和她的孩子们在草原上巡走，显示出骨感的优雅。这是准备狩猎的姿势，他们是这片领地的主人。猎豹每天捕猎，从不吃剩的食物。另一只远方来的母豹趴在1000米处的小山丘上，小心地注视着猎豹妈妈和她的孩子们的一举一动，孤独而又高傲。

晚上，穿过树林从餐厅回房间，"水牛！"带路的马赛人低声说。"跑吗？"在长着W型硬角的庞然大物面前，我有点慌张。在塞伦盖提，我们住在Kusini——唯一一个建在塞伦盖提南部的营地，有十二顶豪华帐篷。只有在这里车辆可以驶离道路，最近距离接近动物。常有水牛到这里躲避狮子，或是狒狒来偷东西，我们每天伴着鬣狗的笑声入睡。

第二天清晨的塞伦盖提，三只来自天际的鸵鸟上演了一幕求欢舞蹈：公鸵鸟在风中张开翅膀，极有韵律地踏着优美舞步，不远处一只母鸵鸟呼应着低身扭动，曼妙多姿。舞蹈落幕，公鸵鸟俯身与母鸵鸟交配，羽毛随风飞扬。如果这场景被哪位舞蹈家发现，一定会编出绝妙的双人舞。

长颈鹿妈妈带着不到一个月大、脐带还没掉的小长颈鹿散步；大象家，小象和姐姐用鼻子交织着嬉戏和玩耍；淘气的小狮子逗着骨头玩；斑马和角马到河边喝水，映出美丽的倒影；大羚羊在晨雾中跳跃，好像仙境神兽。尽管看了《国家地理》，想起的还是赵忠祥解说的《动物世界》。

Ally说我们今天创造了纪录：一天看到了六只花豹（leopard），大部分像大懒猫一样趴在树干上睡觉，漂亮的尾巴搭下来，小花豹睡觉的树上还挂了一只吃了一半的羚羊。

①离车很近的狮子,并不怕人,它把车当成了整个一个动物
②猎豹
③猎豹
④大象一家
⑤喝水的斑马
⑥花豹
⑦狮子

狮子们相互亲吻，发出"呜呜"的声音

　　傍晚，我们发现一只离得很近的花豹，长着世界上最迷人锐利的眼睛和可爱的圆鼻子，盯着我们看了一会儿，忽然迅速溜下树跑了。

　　Cartier 有款镶着绿宝石眼睛的花豹珠宝，可再耀眼的宝石也比不上花豹的眼睛，再精美的珠宝也展示不出花豹的聪慧、敏感。它们虽在大部分时间温柔可爱而又慵懒，但实际上却有着非常厉害的性格——几乎每种动物都会被花豹吃掉，包括小狮子。花豹成了我们最喜欢的非洲动物，"Chui"是它的斯瓦西里语名字。

　　接下来的一天，我们还是在 Kusini 的私人领地中游猎。清晨推门出来，一只水牛站在丛林里呆头呆脑地看着我们，帐篷旁边留下它巨大而新鲜的粪便。

　　因为晚上一直听到狮子叫声（我们当然是分不出到底哪个是狮子的叫声），Ally 判断狮群没有走远。果然，我们在小丘边发现了 12 只狮子的大家庭，它们相互亲吻，发出"呜呜"的声音。

三只疣猪吹着口哨乐呵呵地走过去，本来还懒洋洋的狮子们忽然悄悄地鱼贯而起，围成错落的包围圈，而且是一只接一只地往上靠，彼此之间用尾巴的动作相互沟通。真的很有阵法，这只能用"震撼"二字形容。一会儿，疣猪们发现了狮子，一阵风一样地排着队逃跑了。可惜我们错过了狮群捕猎最精彩的一幕，不过还是为蓬蓬们躲过一劫而高兴。

傍晚，我发现了正在哺乳的鬣狗妈妈和两只小鬣狗，其中一只是亲生孩子，另一只属于同一家族的。可能这后一只鬣狗的亲生妈妈已经死了，这个鬣狗妈妈不给它喂奶。鬣狗爸爸来了，也一起赶它。可怜的小鬣狗凄厉地叫着，还坚持着一次次蹭到旁边吃奶，因为只有这样它才能生存。

夕阳西下，我们坐在宿营地大岩石上喝鸡尾酒，狒狒们在旁边一块岩石上看落日。今天中午，它们把营地的排水管弄坏了。草原上散布着很多这样的巨

夕阳西下，我们坐在宿营地大岩石上喝鸡尾酒，狒狒们在旁边一块岩石上看落日

大岩石,每块岩石都有自己的生物群,其中一块叫 Simba Rock,真的好像《狮子王》动画片里小狮子出生时的那块石头。晚餐时,大家用各种语言唱起了《友谊地久天长》,和坦桑尼亚道再见。

桑布鲁

我们 10 个人和飞行员被大雨困在了荒野上废弃的机场上。4 次转机飞过赤道,快到肯尼亚桑布鲁时居然大雨——这是 2007 年以来这个半沙漠地区的第一场雨。所有肯尼亚人为此祈祷了太多年了。

飞行员也很少有在雨天飞行的经验,而且这样的小飞机全凭肉眼观察山脉和跑道,四周水雾茫茫,什么也看不清。我们的肯尼亚向导 Godfrey 一直在念念有词地祈祷。

当飞机再次起飞试降,终于平安抵达时,大家都鼓起掌来。Godfrey 激动地站起来,大声喊:"感谢上天!感谢祖先!"后来某个晚上,我碰到他站在树下,他静静地告诉我,只要他需要的时候,祖先就会从风中而来,给他力量和安慰。

我们的营地 Larsens Camp 几乎被山洪冲掉了。第二天,这场雨成了所有肯尼亚报纸的头条。

从 Larsens Camp 帐篷中醒来,晚上汹涌的河流已经退去,丛林中红彤彤一片。鳄鱼在河岸上晒着太阳,因为缺水,河马几年前从这里搬了家。

在坦桑尼亚实在没吃到什么好东西,吃过的几餐据说已经代表了坦国烹饪的最高水平——丰盛是够了,但各种肉类都太硬,煮熟的土豆成了我最喜欢的食物。

到了 Larsens Camp,终于有了还不错的饮食,大厨每天专门为我们做一道特殊菜。我们吃饭的时候,还有个拿着弹弓、穿着传统服装和塑料凉鞋的桑布鲁

①一群长角羚羊在轮番打架　②能站起来吃草的长颈鹿脖羚羊
③灰脖子的索马里鸵鸟

人负责吓唬猴子。即使这样，我们的奶酪还是被大猴抢走了。

这天的亮点是看到了一只东察沃雄狮，这种雄狮没有鬃毛，当它在旷野中低声吼叫时，整个大地都会震撼，远处的山谷传来回声。狮子低沉的声音能传到 8 公里之外，这是它在向远处侵占领地的雄狮宣战。没有人知道它怎么会在桑布鲁出现。1923 年东察沃修建铁路时，它们吃了一百多人，人们想尽办法也无法抓捕到它们，后来这个事件还被拍成了电影。

桑布鲁的沙丘和树林展露着受过太阳光热后一层一层的红色。特有的网纹长颈鹿、灰脖子索马里鸵鸟、能站起来吃草的长颈鹿脖羚羊、细纹斑马让这片红色的土地变得更加生动。一群 Oryx（长角羚羊）轮番打群架，被录下来后，大家都评论说比得上《国家地理》的片段。

中午我坐在河边树荫下听 Godfrey 讲他和狮子、猴子、毒蛇斗争的故事，回帐篷时发现几只长着长尾巴和亮蓝色睾丸的东非公猴在门口平台上，一只把门垫掀开，拿个木棍想把拉链门撬开，另一只不停地摇晃帆布——是屋内的咖啡香味吸引了它们。

我把它们赶跑，回到屋里接着喝咖啡，它们就眼巴巴地趴在外面看着。我在脚上抹点蚊子药，它们也搬起了自己的脚来瞅。

下午，两个拿枪的守林人带我们 bush walk 上山，所有羚羊和长颈鹿都四散奔逃——它们更习惯看到四条腿的车，而不是两条腿的人。路上我们发现狮子的脚印，后来坐车游猎时果然发现了一只四处游走，它不时招呼同伴的母狮——还好不是东察沃狮，还没有品尝过人肉的美味。

它若无其事地走到车前，离 BB 不到一米直视着，BB 此时早已忘了拿相机，只低声喊："开车！开车！"

傍晚，当我们看到河岸上的桌椅、鸡尾酒和各种小吃时，惊叫起来。两个卫兵拿枪在旁边守卫着——这离我们刚看到狮子的地方不到 1000 米。天上的云

雄师张着大嘴爬树

朵像河水一样流过。

  天空升起一轮满月，非洲侍者在丛林月光下唱起分声部的快乐歌曲 Jambo，我们也跟着做和"Hakuna Matata！"

马赛马拉

  和一只在树干上蹭来蹭去美体的细纹斑马告别后，我们飞到马赛马拉。

  我们住在 Olonana，这里是马塞马拉最好的 Resort，几乎每年都被 *Travel & Leisure* 评为全球前 100。宿营地建在马拉河上，河马的叫声就是最好的叫早。

  当然，非洲酒店再好也无法同亚洲相提并论，几乎所有酒店都自己发电，还经常短暂停电，热水也并不总是稳定，手机信号时有时无，互联网链接也很有困难。

但是，如果有人只想选择非洲一个地方旅行，那我一定会推荐马赛马拉。

在这里，看大群长颈鹿忧郁地奔跑、大象妈妈给孩子洗澡或者雄狮张着大嘴爬树，实在不是什么很难的事情。

我们被迁徙的角马和斑马包围着，它们在金色长草中"之"字形奔跑，发出沙沙的声响，好像起伏的波浪——大自然给予了我们太多感受力量的机会。

草原上，犀牛妈妈带着小犀牛漫步。因为有特殊许可，只有我们的车能开离道路，能够这样近距离地观察它们。现在，整个非洲还剩下不到3000头黑犀牛，它们曾经被人大量捕杀，犀角运到东方制成盛酒的器皿，但它们还是这样友好地对待人类。看到小犀牛，我们就看到了犀牛家族的希望和幸福！

在马赛马拉的第二天，在弥漫着尸臭味的马拉河边等了两个小时，终于在最好位置看到了梦寐以求的迁徙角马横过马拉河，残忍又混乱：大群角马来回

犀牛妈妈带着她的孩子

地在旷野上奔驰了几次，突然折回头，先是几匹斑马冲在前面下了水，然后第一匹角马跟着冲下去，而后所有角马开始兵分两路往下涌，斑马没有办法，被后面挤着只好往前游，角马们也跟在后面游。水里河马和鳄鱼们早躲得远远的，河岸上扬起一阵烟尘。

游过水的角马们挣扎着爬上对岸高耸的岩石，相互践踏，有些体弱的又被踢下水，一口气上不来的就被淹死了；还有些爬不上去的又开始往回游。过了河的角马们在岸边欢呼雀跃，而有些发现丢了孩子或者女朋友的角马也开始往回游。于是，又出现了一支回游的队伍。

大部分角马不是被鳄鱼吃了，而是自相残杀致死。过河之后水面上漂浮着一具具角马尸体，秃鹫们群聚在岸边展开翅膀，准备享受它们的美餐。整个过程只有短短十几分钟，却是生与死的决战，令人终生难忘！

几年后在中央电视台看到专门拍摄角马迁徙的采访组，他们的位置还不如

迁徙的角马群

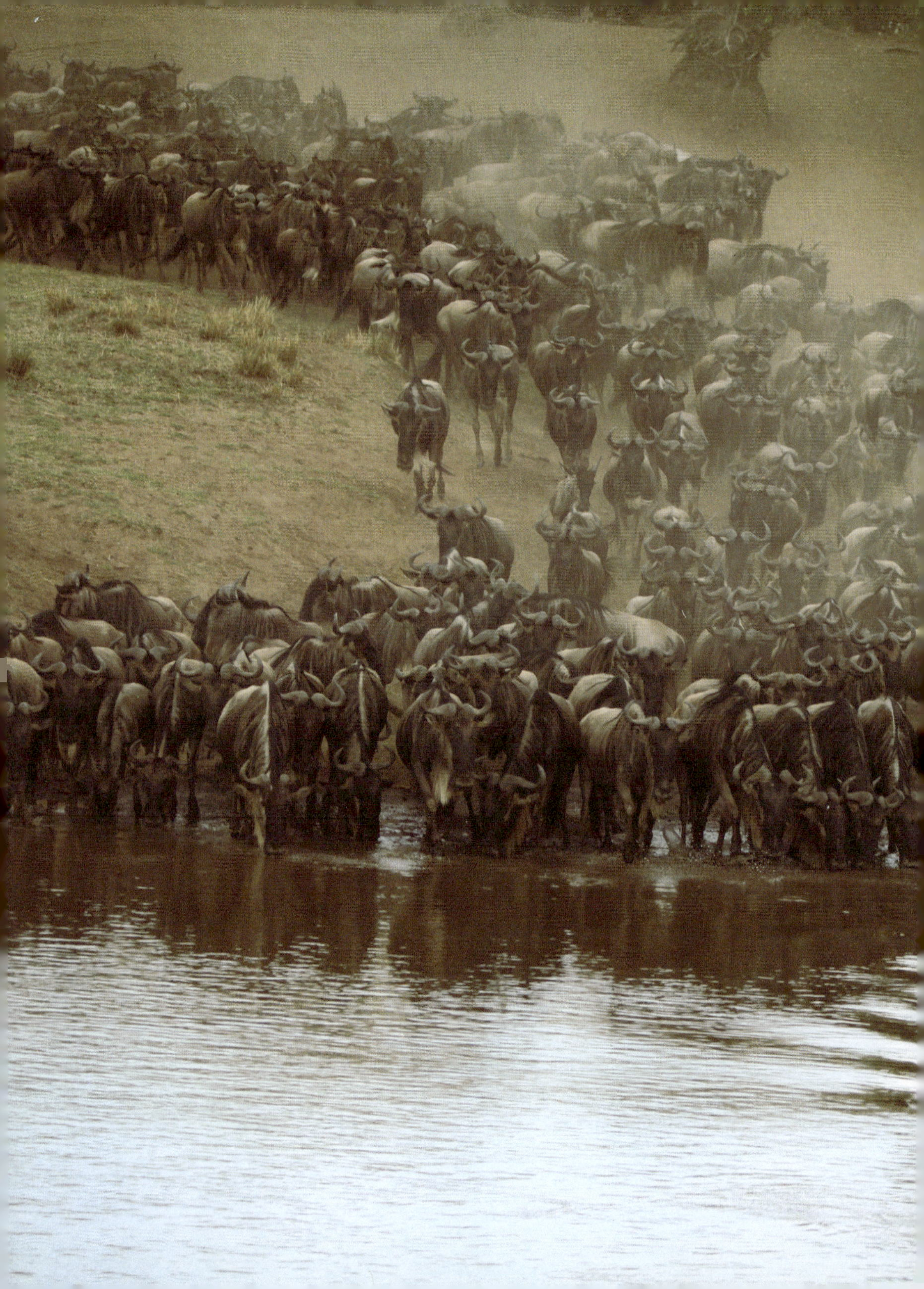

后面的角马不断拥到前面来喝水,几只斑马最先下到河中

角马们相互践踏，后面大量的角马涌上来，前面的被挤到水里

我们所在的位置好。我再一次想说，这样的经历终生难忘！

在马赛马拉草原上，我们看到了太多的死：一只被同伴咬断腿的河马卧在远远的草上喘息；不光河中漂浮着角马死尸，在路边又发现一只，目光呆滞，虽然勉强过了河，但喝水过多，最终还是要被撑死；一具带血的白骨正被秃鹫们享用，类似鹈鹕的大鸟啄秃鹫后背，秃鹫把肉吐出来，大鸟又吃了。没有照片，太恐怖了。生命在生与死中生生不息。

可能是以前受误导，我一直以为迁徙角马是不得不过马拉河的；以为每次迁徙它们只过河一次，并且不畏牺牲，很勇敢地对抗鳄鱼；以为即使河流干涸，它们也要从深水游过是为了培养小角马的生存能力。

实际上，角马们可能一次迁徙会来回过河多次；可能一开始前面的只为到河边喝水，后面大量角马涌上来，前面的就不得不被挤到水里；后面的看到前面的过去了，也不得不跟着游。以前人们只是用人类想象诠释角马。

"但是，"Godfrey说，"为什么角马会来回来去过河，直到喂饱鳄鱼？为什么它们明明可以绕过，却一定要从深水走？答案是：因为它们是角马。"

人类行为何尝不是如此，跟着，不知为什么。

2011年8月

普罗旺斯的艺术和生活

　　普罗旺斯是个属于画家的地方，因为这里有太多的色彩。薰衣草的紫、向日葵的黄、阳光下葡萄园的金黄、天空水彩画一样的蓝、晚霞浓烈的红、小镇房子的蜜色……难怪梵高爱这里，并且在此创作了无数登峰造极的作品。

　　这艺术的气质传承至今，每一个山间小镇、每一个街角，可能都会遇到一个艺术家自己开的小店，充满创意和灵性，因此我们每次的造访都小心翼翼，生怕错过、生怕打扰，满心虔诚。

　　普罗旺斯也是属于音乐家的，因为这里有来自大自然丰富的音籁，蝉声、蛙鸣、鸟儿的啁啾、夜晚银铃般的虫鸣、狐狸的叫声、野猪呼噜呼噜的声音，还有黑夜流星划过天际心灵感应到的声音，这一切都激发着热爱生活的人们的源源不断的灵感。

　　普罗旺斯的日常生活也充满了艺术气息，租一栋乡绅别墅，赶集、买最新鲜的水果和蔬菜，给心爱的朋友做一顿晚餐；用薰衣草、芦苇和野花装饰房间的每个角落……这个迷人的地方，让每个人都成了生活的艺术家。

索村路上的薰衣草

住到一个乡间别墅

我们在月黑风高中开到普罗旺斯属于吕贝隆地区 Bonnix（博尼约）的一个乡间别墅，伴着秋虫的小夜曲入睡。清晨醒来才看到它的样子：一栋主人住的别墅、一栋花匠住的偏房、一个游泳池、大片的葡萄园和田野、池塘。

早晨在别墅外散步，到处都是薰衣草、迷迭香和各种草药混合的味道，再美的照片也照不出这里沁人心脾的草本芬芳和银铃般的虫吟，葡萄园、睡莲池塘、薰衣草、每一棵草上趴着的蜗牛、扑通跳进池塘里的绿色青蛙，让人想起莫奈的作品。

赶集去

Cavaillon 是普罗旺斯吕贝隆地区盛产甜瓜的小镇，每年 7 月还会在这里举办甜瓜节。每周一这里有本地集市，可以买到厨房用的手绘瓷器、小碎花的桌布、薰衣草肥皂和精油、各式各样新鲜的蔬菜和水果以及北京夜市常见的破烂。一口气买了 9 个甜瓜，店家送了我们一个漂亮的木筐抬着。

阿尔勒（Arles）是梵高和高更共同生活的地方。在阿尔勒，梵高创作了《向日葵》和《夜间咖啡馆》。梧桐的大叶子交织成浓荫，通向远方。

卡马尔格三角洲

卡马尔格三角洲是以湿地著称的国家公园，这里有几人高的芦苇，像鱼群一样自由翻飞的群鸥，盐滩上闲庭信步的火烈鸟，水边悠然吃草的白马，泛着腥味的大湖，河中游戏的梭鱼。不经意间，我们发现了树下成片细碎的紫花、野生的浆果、一朵像佛陀一样的白云。有人带了躺椅在树荫下钓鱼，把自己融入风景。

我们住的乡村别墅

回到家里，寂静空谷，彤云漫天，开始准备一场烛光烧烤晚餐。伴着 Laura Fygi 的歌声，我们绕着泳池跳舞。

这几天，躺在院子里伴着虫鸣看星星成了我们的保留节目。在普罗旺斯原野上看到的星星，比去过任何一个海岛和沙漠都要多，难怪梵高会这样张扬地去表现这里的星光。

薰衣草节

索村（Sault）因为薰衣草节，成了普罗旺斯最有名的薰衣草小镇。从我们住的前不着村后不着店的别墅向索村开，山脉上铺满紫色云霞。田里种着薰衣草，门前挂着薰衣草，店里卖着薰衣草，人们手里捧着薰衣草，画家们画着薰衣草，骑自行车的人从镇子穿过，等着买法棍的男人提着草编篮子闲聊排队，小镇里

索村薰衣草节来临之际，家家户户门前都挂着薰衣草

在普罗旺斯，经常会在不经意间发现一片花田

在索村薰衣草节上，BB和粉冬瓜参加收割比赛，BB位列倒数第一，粉冬瓜位列倒数第二

跳跃着紫色的欢愉。

　　8月15日是索村薰衣草节，BB和粉冬瓜参加了薰衣草收割比赛。当主持人像奥运会比赛那样介绍来自中国的参赛者时，所有人都鼓起掌来。

　　选手每人背一个面口袋，拿着把镰刀，整装待发。粉冬瓜居然在开始时一马当先，不过很快就被几个胖老头呼呼地超了过去，都快到终点了，BB还一个人落在最后满头大汗地割。

　　所有收割后的薰衣草都被拿到一个大秤上称重，穿传统服装的老头大声报出每个人的斤数。BB从自己割的薰衣草中捡出一束送给了我。大部分薰衣草被扎好放进了麻袋，剩下的就分给周围的人。很多人都过来和我们打招呼，给我照相，可能因为这样的村落聚会见到东方面孔太奇特。

　　村里的男女老少穿着传统服装游行，有的牵着驴，有的骑着马，有的三三两两骑着老式自行车，有的扛着耙子跳着舞，每个人的脸上都洋溢着笑容。

索村的传统服装游行

来凑热闹的人都穿着薰衣草颜色的衣服，帽子上别着薰衣草，每个人都捧着或背着一大把。我们在集市上乱逛，在树荫下吃薰衣草冰激凌。艺术家们纷纷拿出自己的作品出售，我们经常会发现这些工艺作品图片画册的作者就是坐在椅子后面的那个。我喜欢薰衣草编的小工艺品，画册的作者就在我拿出的画册的封面上给我签了名。

薰衣草收割颁奖典礼时，我们又跑去看热闹。没想到台上的人发现了我们，给BB和粉冬瓜拉上去颁奖，并且再次赢得热烈的掌声。纪念奖得到一袋小麦、一块牛轧糖、一顶帽子和一个欧舒丹的薰衣草手霜。一个走路颤颤巍巍的老头得到了冠军奖杯和一大箱礼物。BB和粉冬瓜又认真总结了收割技巧，看来是要等老了再来比赛。

普罗旺斯最美的小镇戈尔德（Gordes）

戈尔德Gordes被称为普罗旺斯最美的小镇，尽管白天天气很热，但镇上却凉快。这里有很多很美的小店，其中一家店的橱窗上写着"Your husband called me, He said to buy anything you want（你的丈夫给我打过电话了，他说你看上的任何东西都可以买）"。

在这里买了自然材质的包包和灰蓝色T恤，店主人还特别给穿着新衣服的我照了相，也许下次我的照片就会出现在她的店里。

戈尔德离薰衣草博物馆不远，到薰衣草博物馆才知道薰衣草有两种：Lavande是窄叶纯种薰衣草，种植在普罗旺斯海拔800米以上的山区；其他都是杂交薰衣草Lavendin，英文都是Lavender。只有纯种薰衣草才具备安神、舒缓、杀菌、治疗咽喉痛和头痛的功效；杂交薰衣草只有香味，多被用在洗发水里，价格也相差甚远。

小镇戈尔德（Gordes）

红土小城 Roussillon

Roussillon 是一个很像意大利锡耶纳的红色山城。

Roussillon 有各种可爱的小店，每家小店都是艺术家自己的"前店后厂"，我们买了个小花瓶回家装薰衣草。

我们还买到这里天然矿石做成的颜料，色彩和周围小城的颜色一模一样。

中午回家，在葡萄架下，我用新买的颜料画了一幅水彩画——《戈尔德山居》。

里维埃拉地区的美食美镇

朋友去巴黎，我们就搬到尼斯附近的四季酒店。不管从哪里来，四季酒店永远会给我赞叹和惊喜。我们的小屋掩映在山林间，躺在阳台上，能看到对面的红砖小镇。

都是普罗旺斯，但四季酒店所在的里维埃拉地区天却蓝得很通透，一眼能望穿，而吕贝隆山区就总是飘着淡淡的云朵，好像水彩画。四季酒店附近更多山脉，吕贝隆则更多丘陵，所以才能种植薰衣草。

酒店附近，有几个开车十几分钟就可以抵达的小镇和米其林星级餐厅。

Fayence 是离四季酒店 10 分钟车程的小镇，开满鲜花，在高低曲折的小巷间游走，永远不知道转过一个弯会看到的是另一条鲜花小径、一个喷泉花园，还是远远一大片田野。

Callian 是非常安静的小镇，有美丽的花边教堂。对人熟视无睹优哉游哉的野猫给这里增添了生趣。

Mons 是微型山顶小镇，人们在山顶广场玩地滚铁球。另外，也不知什么活动，全镇的人都去吃流水席。这里能够看到无与伦比的山谷和远处地中海风景。

红土小镇 Roussillon

  Seillans 被评为法国最美丽的村庄之一，属于"法兰西之村"系列。有保留完好的曲折石头小径，很多美味餐厅坐落在这里。

  我们的小镇探寻结束于此，对我，普罗旺斯最好的玩法就是在这里住上大半年，经常赶集，购买最新鲜的食材，背着画板探寻每一个村庄，发现绝佳的风景和美食。

后 记

  在索村的时候，很多人问我们来自中国哪个"镇子"，而不是"城市"。英国管家 Joanna 来聊天，我才知道这里的人大部分都没有离开过村子。在 Joanna 眼里，他们还是非常封闭的农民：

邻居大婶第一次去了巴黎，不到两天就赶回来，说"受不了那里的闹腾"。

镇上住了个日本女人，全村都会好奇地过去和她打招呼，窃窃私语怎么有一个亚洲面孔到我们这里来了。

这里老人们保留着打猎的习惯，Joanna 就经常因为收到热情邻居送来的羽毛艳丽、生前肯定歌声清悦的鸟儿而不知所措。

管家和丈夫在这里修缮房屋，再转手卖出，并因此时常能够发现老旧房子的秘密。

就是这些"乡下人"的传统，才更让普罗旺斯保留了传统和可爱的一面。

有人说"旅行就是从一个自己生活腻的地方到一个别人生活腻的地方"。看起来这句话对普罗旺斯人不适用，因为他们觉得自己生活的地方才是最好的，永远不会生厌。

2012 年 8 月

提示

普罗旺斯最好的旅行季节

普罗旺斯的冬天刺骨寒冷，可一到 4 月份天气就完全变了样。吕贝隆山区薰衣草 6 月底 7 月初开花最盛，如果想同时看向日葵和薰衣草，6 月底更佳。如果想看薰衣草收割，要 7 月中旬（看薰衣草最好的季节是 6 月底到 7 月初，向日葵则是六月中下旬）。据说会有"Unreal"感觉的大块色彩呈现在眼前。

熊猫最美的阿拉斯加

天阴沉沉的，我们坐着小渔船在 Kenai 国家公园的外海上漂浮，等待大比目鱼上钩的刹那，突然，一只巨大的鲸鱼从船底钻出来，发出虎啸一般的声音……

我站在冰冷的河水里，享受鱼线飞向空中发出"嗖嗖"声的自由趣味，突然一只棕熊在身旁出现，跃入水中衔起一条三文鱼（Sockeye Salmon），然后躲到丛林中大快朵颐……

穿行在浮冰里，巨大的蓝色冰川伸入海中，冰块落入水中，发出雷鸣般的声响……

宁静峡湾的傍晚，BB 把自己刚钓的大比目鱼收拾好，用大比目鱼腮做成一道全世界顶级的美味……

我们慵懒地坐在安克雷奇面海的海鲜餐厅，奢侈地用帝王蟹腿当做 side dish（配菜）……

这一切就是我印象中的阿拉斯加，充满了传奇、梦想和乐趣的独特地方。

Kenai 国家公园的海洋生态

7月24日 自给自足的生态小岛 Orca Island

从安克雷奇附近的酒店 Alyeska 到小镇 Seward，大概两个小时的车程。这条公路基本都在海边，面对雪山，因而也被称为全世界最美的公路之一。

Seward 是阿拉斯加南部的一个海边小村。从这里的港口出发，坐船一个小时，就到了我们住的小岛 Orca Island。岛上只有一家依山而建的酒店——Orca Island Cabins，就在 Seward Cruise 活动经常举办的 Kenai 国家公园峡湾里，风景很美。

说是酒店，其实是几间完全生态、自给自足、类似蒙古包的帐篷：房子里没有灯，屋顶有个天窗，就是小屋全部的光源。旅者们完全日出而作、日落而息。好在阿拉斯加夏日的日落是晚上十二点，天亮是早上五点半。自然，这里更没有手机信号和电视。食物要自己带到岛上并要自己烹饪。小屋提供烧烤架和厨房用具。马桶也是自循环的，上完厕所舀一勺木屑进去，马桶自动清理。

记得我很小的时候回老家，那时一大家族人还住在明朝留下的老宅里，如厕都用木质马桶，确切地说是个大木缸。据说法国乡间当时也保留着类似的如厕传统。

在这样的生态

Orca Island Kayaking

小岛，时常能够看到鲸鱼和海獭。

Humback Whale 和 Killer Whale 都是这里的常客。Orca Island 的 Orca 就是逆戟鲸（Killer Whale）的另一个名字。有人晚上还听到鲸鱼的叫声。不过我们只看到了海獭和一种叫 Puffins 的阿拉斯加特有的红头黑白身子的卡通鸟。

7月25日 有鲸群陪伴的海钓记

早上，我五点多就醒了，我对 BB 说："BB 啊，你昨天下午说睡个午觉，我一直等你睡醒了和我去玩，结果你从昨天下午三点睡到了今天早上五点，你一共睡了十四个小时。"

坐在 deck 上，忽然看见一个队形整齐的"舰队"游过去，原来是一家子海獭，游到我们住的岸边，急急忙忙上了岸，又溜走了。

等到早上七点多，一艘艘出海钓鱼的小船开始从海湾前面驶过，过一会儿，接我们的渔船也到了。

走高层路线预订的钓鱼

说起预订钓鱼，还颇有些周折。因为太晚，几乎所有的钓鱼活动都被订满了。BB 试着给他觉得最专业的 Puffin Charter 写了封信，没想到还是船长回的，说可以给我们安排两个位子。BB 说请他帮我们预订，但没有提供信用卡号，之后船长先生就失去联系了。

到阿拉斯加之后，我们请 Aleyska 的礼宾帮忙查询，所有公司都说他们到7月31日前都没有空位，Puffin Charter 负责预订的小姑娘更是斩钉截铁地告诉我们没有地方了。我跟 BB 说："没关系，留点遗憾下次吧！"没想到前往 Orca Island 的那天，有个老太太在码头等我们，逢人便问："是不是 Tony？"船长交代她，我们会坐船到对岸去，让她在这儿等着帮我们办手续。我们太幸运了，看来干点啥都得走高层路线啊!

我钓了一条黑石斑

和我们同船的一位帅气小伙子叫 Kevin,从宾夕法尼亚州来,因为喜欢阿拉斯加,他就留在这里最北的一个地方给爱斯基摩人教书,然后每年都来 Seward 钓鱼,以及乘坐观看海洋野生动物的 Cruise。想起以前老公在我面前卖弄的一个单词,于是我问:"Do you stay in an igloo(你住在冰屋里吗)?"Kevin 大笑道:"Yes, I teach some polar bears(是的,我给一些北极熊上课)。"

另外,还有一大家子从犹他州来,儿子和女儿带着他们的另一半和孩子们,给父母庆祝结婚五十周年纪念日,三代同堂。当儿子的说:"爸爸很小就带我到阿拉斯加钓鱼,我喜欢这里,后来我每隔一年就到这里来一次。这次妈妈也很想看看阿拉斯加是什么样子。"这一家子人每天都安排了钓鱼活动。

天空微微飘着小雨,所有人都说今天的海太平静了。估计是老天在照顾我和 BB 这样的菜鸟——虽然我已经觉得够颠了。

几只海豚从船边游过,一会儿又看到几只,在海里转圈,它们这样是为了把鱼转晕捕食。

不一会儿,我们停到一片浅海,面对雪山冰川钓银三文鱼。全船钓上来的第一条是黄石斑。第二条是我钓起来的一条 Lingcod(一种鳕鱼),大概有 5 磅重。BB 叫道:"Big fish!"但没想到老手们都说:"这条鱼太小了。"对于鳕鱼来说,还不够拿回家的尺寸,于是我们把它放了。钓完这条"小鱼",我已经累得快吐了,还回船舱里休息了一会儿。

钓了一阵,船长又带我们去另外一个浅海,我躺在船前面晒太阳,晒够了回去,一下子又钓起了一条黑石斑(Black Rockfish),而大部分人却都一无所获。我还因为自己钓上了这样的怪鱼颇为不好意思了一下,后来才知道它有多么好吃。BB说："小猫嘛，就是会钓鱼，不像大熊，钓不到，只能下水去抓！"

香蕉意味着坏运气（Banana is bad luck）

因为斩获不多，船长说先带我们去钓大比目鱼（Halibut），然后再回来。我们都知道前几天新的比目鱼世界纪录就是在 Seward 诞生的，400 多磅一条（之前的世界纪录也诞生于此）。但 Kevin 说后来这个世界纪录没有被承认，因为最后渔者把比目鱼射杀了，世界纪录只承认完全人工奋斗上来的结果。

大家开始回到船上吃零食，我们拿出一根香蕉。忽然一个人大叫起来："船长，他们带了香蕉！"然后对我们说："Banana is bad luck for boat（香蕉对船来说意味着坏运气）！" BB 赶快把香蕉收起来。大家又叫道："他藏起来了！"船伙计紧张兮兮地跑过来，拿起香蕉说："忘了在安全须知里面讲了！"然后远远地把香蕉扔了出去。BB 很老实地又拿出三根说："这里还有！"也被伙计扔了。

遇到了震撼的鲸群

在深海钓了四个小时鱼，等待比目鱼上钩，这期间来了一个鲸群，大概十几只，一直围着我们，海鸥群也围着鲸鱼。经常会有很多鲸鱼同时从水中跳起来去追逐海鸥。我是第一次看到这么多鲸鱼同时跃起又同时用尾部划出优美的曲线。Kevin 说船不能自己去追鲸群，会把鲸鱼吓跑的，但可以等着它们来找你玩。

大家忙得简直是眼睛和手脚都不够用了，一会儿"fish on"，一会儿忙着看鲸鱼，还有人在模仿鲸鱼发出的声音。忽然，我们听到一声如虎啸般的巨响，一只巨大的鲸鱼从我们的船底钻上来，比船要大很多，每个人都又震惊又震撼！

本来海面上有三艘渔船，后来其他两条走了，只剩我们一条小船。天也阴沉沉地堆满了乌云，开始下雨。鲸群却舍不得走，绕着我们一条船玩，还伸出

我第一次看到这么多鲸鱼同时跃起并且用尾巴划出优美的曲线

了背鳍，好像和我们招手。于是，每个人都向它们招手。BB 拍的照片里，灰色的天空、黑白的鲸鱼，就好像是黑白大片了。

Kevin 说，他就住在阿拉斯加，参加了这么多次专门观看海洋动物和鲸鱼的 Cruise，能够这么近距离地看到鲸鱼，还是第一次，而且还看到这么多，并且这么长时间。

我们以前的观鲸之旅，离鲸鱼更是太远了，还需要借助望远镜。BB 说："多亏咱们把香蕉扔了。"

钓比目鱼太重太累了，BB 钓了两条。我钓的全都因为力量不足脱了钩。钓比目鱼用的是非常腥的小死鱼，弄得满船一股恶臭。那味道类似于把动物园狮虎山的臭味放大十倍后浓缩在不足 10 平米的甲板上。我们的衣服、围巾也都沾上了这样的气味。我的围巾成了最后一根稻草，但还是把自己熏吐了。在以前，我是很少晕船的。

①一条渔船在我们旁边，鲸群先在那条船边嬉戏
②鲸群伸出了背鳍
③住在阿拉斯加的Kevin说，他参加过无数次海钓和专门观鲸的活动，但是能够这么近距离地看到它们，还是第一次

之后，我们回到浅海，又钓了几条银三文鱼，太阳也钻出来了，在海湾里晒着太阳，无比舒服。

船伙计帮我们把钓的鱼收拾好，我们拎着回了小屋。所有人都跑到船尾，和我们挥手道别。

绝美大餐

回到小屋，发现我们不知道哪儿去了的托运行李竟然已经放在了门口。之前我们打了很多次电话查询，自动应答都表示是"未知状态"。行李里除了电脑、衣服，还有我们每次旅行都一起带着玩的毛绒玩具：林熊熊和大阿瓜。当时我们最怕就是把它俩丢了。看来 UA 还是比较靠谱的。

晚餐，BB 做了煎鱼，我煮了一锅鱼汤。

第一道煎比目鱼已经是极品美味了，有螃蟹的鲜美之味。没想到第二道，比目鱼脸颊部分的肉更是绝妙，有扇贝的口感，且更加鲜嫩。BB 说："就凭这两块肉，今天你就该努力再钓两条大比目鱼。"据说能吃到新鲜比目鱼脸颊的肉，也算全世界顶级的享受之一呢。

而第三道，我钓的那条怪石斑，味道也很不错。龙虾、螃蟹都比不上它的美味，又韧又嫩。本来我们吃过香港镛记的石斑鱼，就不吃别的地方做的石斑了，但没想到自己钓的黑石斑（Black Rockfish）比镛记的还好。

7月26日　宁静峡湾划小船

早晨，峡湾的水静极了，树的影子倒映在水中。薄雾缭绕着青山。我们划着小船到峡湾口，远处是雪山和冰川。

我们都想，要是这个小屋是四季酒店就好了，极致的风景加上极致的享受。

坐船回到 Seward，我们把鱼冻起来，寄到纽约朋友家。在 Ray's Waterfront

吃了很好吃的 Clams，还有比目鱼（Halibut）的 Fish & Chips 以及雪蟹腿。BB 说："咱们终于在阿拉斯加吃上阿拉斯加雪蟹了。"不过，还是比目鱼的炸鱼薯条好吃，鲜美。

坐在面对港口和雪山的餐桌前，我们觉得这里很像夏威夷，无所事事又很舒服。

坐船回到 Seward 的时候，我们碰到一对父子，儿子还挺小，跟着来钓鱼的老爹，眼神里满是对老爹的崇拜。

这次在阿拉斯加，我们发现很多都是父亲带着儿子来玩的，可能因为这里是男人运动的天堂。这些当爹的都不怎么管自己的小孩，自己享受自己的爱好，让孩子自己跟着，扮演哥们儿一样的助手，这反而建立起了非常亲密的父子关系。甚至很多人到老了还会像海钓的那家人一样，全家专门花一些时间去重温小时候一家人在一起的乐趣。

7月27日　蓝色冰川

阿拉斯加是全世界冰川最多的地方，其中 85% 的冰川正在衰退，15% 的正在生长。我们这次坐 Prince William Sound 的 26 Glaciers Cruise，第一次看到延伸到海中的冰川。

半天的航程，天有点阴，检票时我问："今天天气怎么样？"检票员笑着说："今天没有风，因此海面很平静。今天没有雨，因此你可以很舒服地与冰川接近。这两点是最重要的。今天是阴天，往往这样的天气冰川会显得更蓝。有这些就足够了！"

海中漂浮着冰块，面对巨大的蓝色冰山，我们不时听到打雷一样的冰层裂开的声音，偶尔还有冰块坠入海中，即使很小一块，也会发出巨大的声响，激起千层浪花。

回到Seward，在Ray's Waterfront享受美味和美景

几亿年前，这里没有峡湾，是一整块完整的冰原。几年前，还有远比现在多得多的冰川深入海中，周围那些褐色的山石还留着冰川印刻过的痕迹。

冰川附近很冷，大部分人都穿得很休闲，甚至还有穿 Aloha 衫的，整个一条船只有我们俩是户外装备。因此，除了我们站在甲板上，几乎所有人都被冻回船舱了。独自面对冰川的时候，一种海贼王里独闯天下的豪迈感油然而生。

这么大的风，这么冷的天气，这么滑的甲板，这么多人都不敢走出舱门，可是，有个老头独自拄着拐杖颤颤巍巍地走上甲板。我很担心地看着他，他笑了："不要为我担心，我只是慢一点而已。我这次一个人到阿拉斯加来，是想让大家看看，尽管我的腿脚不再灵便了，但我还是可以独立的！"

想起李阿姨说她去年去美国看望王守武院士，他和妻子独自生活，90多岁的时候还自己开车去买东西。

BB和我也讨论过，美国似乎有非常多的残疾人，因为每次下飞机都有很多轮椅等在门口。其实不是这样的，只是美国的老人和残疾人也还会走出来，继续他们的旅程。

在美国，每个人都崇尚独立生活，有自己的朋友圈子和爱好，让自己的生活非常充实。这种独立乐观的美国精神，不光体现在电影里，还体现在我们遇到的每个普通人身上。

我们回去的时候，一只象征美国的白头鹰赫然腾空，我们也不时看到海獭妈妈带着小海獭在海中嬉戏。孩子们帮助向导给大家发放增长科学知识的资料和冰虫标本。在航程结束时，他们还被向导带到前面，授予了"海洋小卫士"的称号，全船的人都为他们鼓掌。孩子们从小就被教育要保护周围的环境、帮助别人，这样的旅行经历让他们受益终生。

我们看冰川回来的路上，一只白头鹰赫然腾空

7月28日　猫市长

到阿拉斯加，大部分人都会去 Denali Park，因为这里能看到北美最高的山峰——麦金利山（Mountain McKinley）。

住在小镇 Talkeetna 的 Talkeetna Hotel，离 Denali Park 还有 140 多英里，据说是看 McKinley 山最好的地方。

我们前一天晚上到的时候，天气特别好，山峰清晰可见。没想到第二天变天了，本来预订的小飞机观看山峰以及冰川登陆也只好取消。难怪大部分人都说在国家公园里待上一周，也不见得能看到山峰一次。

我们只好去 Talkeetna 小镇里闲逛，这个镇子的市长是一只 17 岁的猫，全世界都很出名。它每天都躺在便利店 Nagley's Store 的纸盒里睡觉。有个市民告诉我们，市长大人非常智慧，从来不做决策，它希望这里的人民保持生活原状。

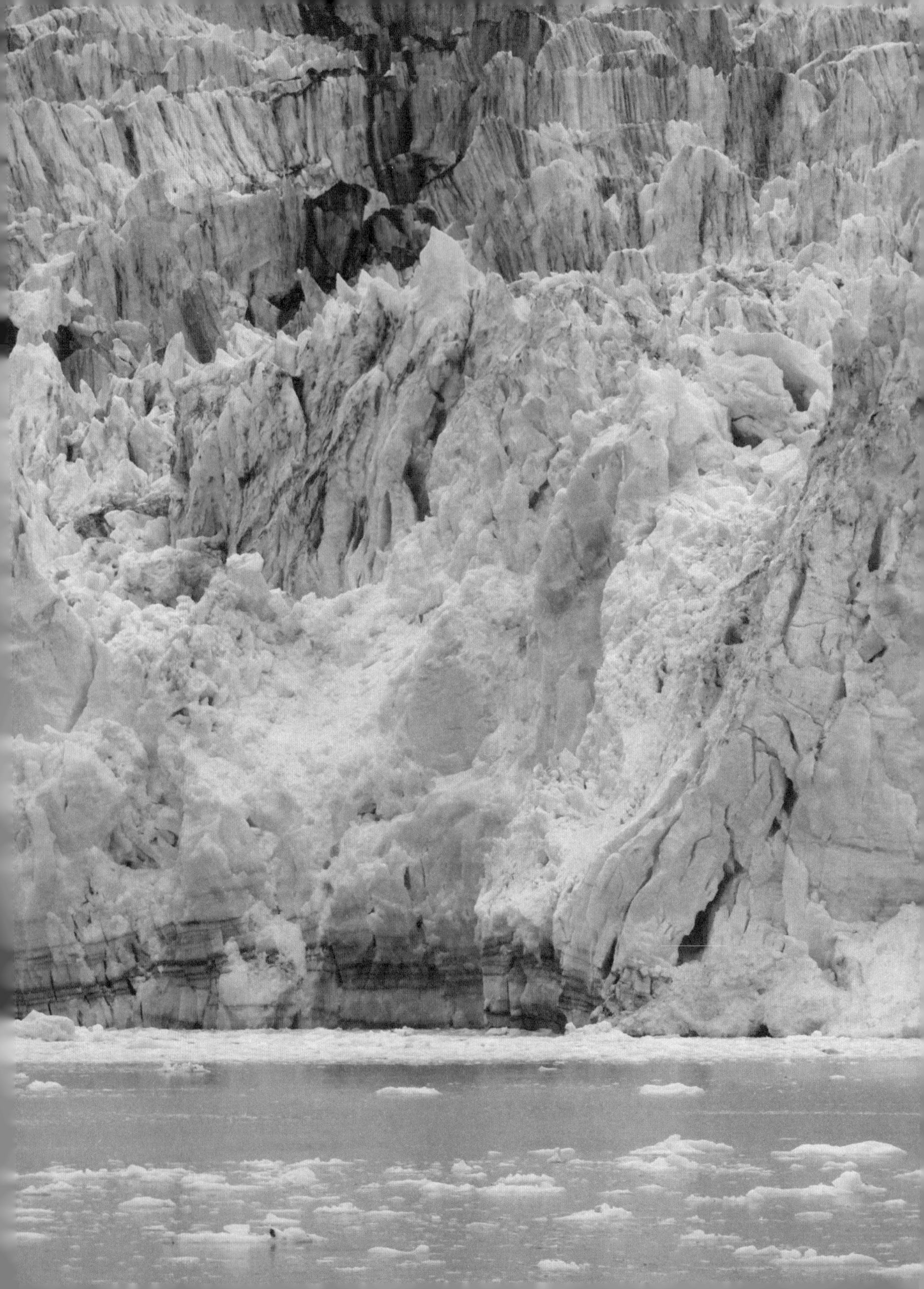

Prince William Sound 的冰川

去年市长大人被狗狂追和狂咬了一次，健康状况大受影响，大家都很为它担心。

据说市长大人从出生不久就开始担任这一职务了，并持续连任。17年前，当时小镇市长的竞选人不被大家满意，有人提出既然不作为，不如选这只刚出生不久的猫来当市长，竟然获得大家的支持；而且猫市长的政绩也相当不错，因为它带动了小镇旅游事业的发展。

BB说："这可能是全世界最有意思的政府官员了。"我说："施瓦辛格也很有意思。"

等到每个地方都可以选择自己喜欢的吉祥物做首脑了，世界和平就实现了吧?!

与熊亲密接触的夏日传奇

"我总是想起那些长长的夏夜，雪化了，野鸭和野鹅成群地往北方飞。太阳升起的时候，空中还有最后一丝微光在闪。我喜欢坐在湖边，看那些野鹅和野鸭安安静静地绕着湖飞，我觉得自己仿佛是那平和的四周的一部分，我希望这样的时光永远不要结束。"（引自古尔德）

回到中国的某天，Ben念起了这段话，我眼前又浮现出了阿拉斯加的画面。生活中总有一些场景，就这么不经意地会在某个时刻清晰重现。

前传：你们是要预订明年的房间吗？

我们在阿拉斯加的最后一站是去Katmai国家公园，从安克雷奇坐小飞机还要一个半小时。

这次路上碰见的旅行者大部分都没有听说过这个地方，但住在阿拉斯加的超级玩家，一听到这个地名，就会两眼放光地说太棒了，因为这里是看熊和钓鱼的终极场所。

这次来阿拉斯加，决定得很突然。我和 BB 输了一个很重要的单，于是为了安抚"受伤的心灵"，就决定去一个最独特的地方。想起缅因州的国家公园、明尼苏达州的边界水域，似乎都提不起精神。但当灵光一现地说到阿拉斯加的大熊时，我们同时眼前一亮：就是这里！

本来我们只想预订到 Katmai 国家公园 Brook Falls 看熊的 Day Trip，但这天往返的行程预订满了，才发现国家公园里还有这个公司运营的三处小木屋（Lodge）。公园里没有任何路，三个小木屋之间也要靠小飞机交通。

我们打电话给 Kulik Lodge 预订的时候，预订的那个人热情地说："好的，你们是要预订明年的吗？"——因为大部分人都至少提前半年就预订好了行程。

没想到最终这里还有一个空屋，我们居然在这么短的时间里订到了房间。后来我们才知道，住在这里是一个多么正确的决定！

7月29日　第一次下水 Fly Fishing

早晨 6 点，从安克雷奇机场坐上小飞机一个半小时之后就到了 Kulik Lodge。飞机一共坐了 8 个人，有一个自己去钓鱼的老头 Martin，还有一家爷儿仨，都已经是老头了，他们今年 1 月份就订好了房间，然后从不同的地方飞到安克雷奇相聚。

此行我们发现太多的老爸和儿子一起来阿拉斯加钓鱼的例子，有的是年轻的爸爸带着很小的儿子，还有的是很老的老头和也已经是老头的儿子，相互开着玩笑，重温男人之间相处的欢乐。当然，也有老哥儿几个结伴同行的场景。阿拉斯加没有奢侈的酒店和购物场所，但有全世界最棒的户外活动和自然生态，这里绝对是属于男人的地方。

Kulik Lodge 建在湖边，是 Fly Fishing 的圣地。老头们一下飞机就兴奋地跳脚，他们可不在乎有没有熊，他们关心的是最棒的鱼群在哪里。

每家都安排了一个向导陪伴，我们的向导叫 Tanner，他帮我们选好了 Wader（钓鱼穿的防水连体衣）和靴子。开船到安静的小溪里，再下水钓鱼。

Fly Fishing 和海钓不同，是一项奇妙而又有挑战性的运动，钓上的鱼也不吃，都会放走。

Tanner 教我投线，以及怎么去吸引和保护上钩的鱼：鱼一咬钩，很快提一下；如果鱼挣扎，就不要再收线，等它稍一放松就赶紧收线，然后慢慢往岸边走，把它带到岸边来。

拿鱼的时候，一定要摘掉手套，把手浸湿，一只手做成 OK 形抓住鱼尾，另一只手托住鱼身。然后再慢慢地把它从鱼钩上解下来放生。

虽然很久才会钓上一条鱼，但是我们第一次体会到了钓鱼过程中的乐趣：站在湍急清澈的溪水中，有微微的凉意。周围雪山环绕，偶尔感受到鱼儿轻触的细小震动，这是在最美的地方与自然和动物充分融和的奇妙感觉。

宁静的 Kulik Lodge 傍晚

Brook Falls 的三文鱼跳瀑布

7月30日　没有熊的瀑布

有关阿拉斯加的经典照片,是一只大熊站在瀑布上吃洄游跳上来的三文鱼,这些照片的取景地,就是 Brook Falls。

今年鱼群来得比往年早,最大批的三文鱼已经游过,还剩下一些继续在瀑布上傻跳。护林员说因为商业捕鱼期刚过,这周三文鱼又开始多起来,但是对熊来说还是太少,它们闻不到鱼群的气味,所以四散到别的地方去了。

我和 BB 坐在平台上晒太阳,看三文鱼不时跳过瀑布,周围一个游客都没有,我们一起来的同伴也因为没有熊而早早地回去了。

护林员再回来记录鱼情的时候,看到只有我们俩,惊讶道:"我实在不记得什么时候这么清静过了。"据我们的统计,每分钟大概有 10 条左右的鱼去跳瀑布,护林员说最巅峰的时候,每分钟大概有两三百条鱼,难怪熊们懒得这时候在这里下功夫了。

6月底到7月初,只有在 Brook Falls,人们能看到很多熊在一起的场景。熊不喜欢群居，特别在意保持一定距离，但是等三文鱼特别多的时候，它们也不得不给别的小伙伴让出一些位子。

我问护林员："这里的熊和现在在别的地方的熊是一群吗？"他笑了："好问题！现在我们也没有搞清楚，因此未来可能会给其中一些带上遥感器进行跟踪。上次另一个区域的护林员到这里来度假，说他好像在自己的领地见过它们。"我惊讶道："护林员还到这里来度假？"他笑着说："当时他们那个区域已经没有熊了，他就到这里来看熊——因为他真的非常非常喜欢熊啊！"

7月31日　荒原上的争夺

早晨，坐水上飞机去荒无人烟的 Moraine & Funnel Creek 钓鱼，飞机降落在一个小湖上。我们穿过一片荒凉的苔藓地，深一脚浅一脚地走上熊开辟出来的小径，经过很多熊的脚印和便便，就到了河边。

一条将死的红色 Sockeye Salmon（袜眼三文鱼）躺在河边，一只海鸥飞过来，想把它拖上岸，鱼挣扎了两下，又回到河里。海鸥继续努力着，和 Sockeye Salmon 之间反复着这样的捕猎与挣扎。

7月底，Moraine & Funnel Creek 洄游而来的三文鱼到了就要产卵或者产完卵的状态，颜色已经从灰色变得通红，这意味着它们的油脂用尽，正在等待繁衍之后死亡的来临。

被熊吓得跳进水里

我和 BB 正想下水钓鱼，忽然一只熊向我们走来，离得太近了，只有10米。《安全指南》上说你不能和熊对视，换句北京土话，就是"照眼儿"。于是我偏过头去，假装不理睬，然后斜着眼从墨镜里看它。没想到熊还是径直向我们走了过来。

Moraine & Funnel Creek 的熊总是离人很近

《安全指南》上还说，你绝对不能挡着熊的道儿，这是对它最大的侵犯。小径太窄了，熊又太近，根本没有决策的时间，我们看看两边，一边是荆棘密布的灌木丛，另一边是河水。没办法，我们只好一下子跳到河里，河水太急，没过了腰，我实在不敢往后看，BB 回头偷看了一眼，熊终于大摇大摆地走了过去，这才敢给它的背影照一张照片。

等到我们想上岸，才发现我们跳到了河水最为湍急的拐弯处，我们互相搀扶着，我感觉还是要被冲走了，两条腿被冲得越分越远，难怪向导在水中都是一小步一小步地挪动的。还没钓鱼，我们就狼狈地爬上了岸。

我成了 Fishing Star

向导 Kevin 告诉我们不要害怕，可以放心钓鱼，但是要注意，熊在旁边的话，如果太近，要给它让道。还有，如果钓上了 Sockeye Salmon，一定要马上放

在一起 在路上——熊猫的牵手之旅

098

回水里，因为熊看见了可能会冲过来抢，但是它们不爱吃 Rainbow Trout（虹鳟鱼）。这里的熊表现还好，Brook Falls 附近的熊已经养成了和钓鱼者抢鱼的习惯。

Kevin 帮我选择了几种诱饵，有一种是做成飞虫的诱饵，还有一种做成了三文鱼卵的形状。Fly Fishing 要根据水流、季节、天气不同，选择不同的诱饵，而且放线的方法也根据模仿的生物略有差异。

不一会儿，我钓的鱼就上钩了。这里的鱼实在太多了，成群地从脚边游过。我以平均每 5 分钟一条的速度往上钓鱼。天气也好极了，不冷不热，没有蚊虫，面对旷野和雪山，不时有几只熊从身旁经过，这是在野外最难得的完美享受了。但是不知道为什么 BB 钓上的鱼很少。

旷野里，只有我们、向导和另外一位热爱摄影但不钓鱼的老太太 Susan。等到中午走上河滩吃饭，Susan 笑道：

Moraine & Funnel Creek 一只在岸边等待捕鱼的熊

我钓到了一条鱼，同时也邂逅了一只熊

"Annie，你给河里留点鱼吧！……至少给 Tony 留点面子。"

　　阳光照在身上舒服极了，向导帮我们带了好吃的金枪鱼卷。这里是熊和三文鱼的家，我们只是它们的访客。

　　下午，我们一边钓鱼一边顺着溪流向下游走，BB 学会了特别优美地 Fly Fishing 甩杆儿，下午也开始上鱼。

　　夏日中午的阿拉斯加，阳光照得暖和，小溪沁凉了脚趾，水流在身边湍湍而过，鱼线在空中划出优美的弧线，发出"嗖嗖"的声音。感觉到鱼线放出时那飞一样的自由，从那一瞬间，我真的开始爱上了钓鱼。

　　熊也更多了，都到河边来觅食。它们经常会在河边站一会儿，然后冲到水里叼起一条大鱼，激起巨大的浪花。我们看到了太多大熊捕鱼的画面。

　　也有很懒的熊和海鸥去争抢快死的三文鱼。有只海鸥费了半天力气把一条三文鱼拖到岸边，另一只海鸥想过来抢，结果来了一只熊，把海鸥们都轰走了。

　　正如前述，熊不喜欢三五成群地聚集，很在意相互间保持一定的距离。所

这只熊刚刚逮到了一条大鱼

以偶尔让我们头疼的是，当面对三个方向来的不同的熊时，我们不知道该给哪只熊以及往哪里让路。这天，我们一共看到了二三十只熊！

傍晚，我们再次穿过被一只土拨鼠占据的荒原，等待水上飞机到湖上来接我们。飞行员带着我们在空中盘旋了一圈，我们看到有很多熊，几乎每一条河的转弯处都有几只熊在等待捕鱼。红色的三文鱼群好像河中旋转的红宝石。

男人的聚会

回到小木屋，天空澄澈如洗，极北地区特有的傍晚时分那热烈的阳光把小木屋照成了金黄色，Wader（钓鱼用的连体防水服）和钓鱼竿整整齐齐地挂在房门前。住在这里的男人们都跑到酒吧去了，端着一杯烈酒，大笑着，分享一天的收获，看看记录钓鱼纪录的小黑板上又多了谁的名字。

湖水被夕阳染成了红色，几条安静的船停在上面，夏天也会像这样安静地再停留一会儿，停留几个星期。

8月1日　百熊图

早晨 5:30，阿拉斯加的天空已经泛起了红云，轻如薄纱的雾在山间缭绕。水上飞机载着我们降落在 American Creek 的小溪上，船就停在旁边的泥沼里。蚊虫太多，我全身裹得严严的，脸上罩着围巾，戴着墨镜，但还是会有蚊虫扑面而来，找到缝隙叮在我的眼睛上或者露出的手指缝上。

我们一路沿着小溪弯弯绕着开船，一会儿看见一只熊在河里游泳，伸出一个小头；一会儿又看见一只从河中慢悠悠地走过；一会儿又一只躺在岸上懒洋洋地要睡觉，形态各异。这让我忽然想起郎世宁的《百骏图》，想着回去一定要画一幅《百熊图》。

因为不是旷野，而是小溪，所以今天的熊离得更近，我们的向导 Jack 大部分时间是在跟熊说话，很坚定地："Go! Go! That way！"有的熊看到我们就从旁边走了，有的听 Jack 喊完就绕道了。我们说："它们能听懂你说的话呢！"Jack 笑了："它们只是感受到了我的气势，我想如果用中文，它们一样听得懂！"

刚轰走了一只熊，我们回头，突然看见一只熊妈妈带着两只小熊站在不远处盯着我们。Jack 一边拍手一边大叫道："走开！"叫了半天，它们还是不走。Jack 让我们快速回到船上，用铁锚使劲敲船，熊妈妈才很不情愿地走了。

Jack 说，很多时候熊妈妈看到人，就想把小熊留在人身边，自己去抓鱼，因为它发现有人的时候，其

American Creek 里的熊每一只都不一样，这只长了一张笑脸

他熊不会靠近自己的孩子,否则有可能有雄性大熊过来吃掉熊仔,从而获得和母熊交配的权利。不过我们可不想当危险的小熊保姆。

American Creek 里另外一只呆萌的熊

这次去钓鱼的有三个人,除了我们俩,还有一个耳朵不好使的老头 Rong,他的经典名言是:"如果一个人老了,还不幽默,那不如就死了得了!"他一直在那里专心地钓鱼,反正也听不见,干脆完全忽视了熊的存在。于是,熊很近地站在他身后窥视的场景构成了非常幽默的画面。

今天钓的鱼太多了,有条 Char,我钓的长度是 24 英寸,只是周长不够,要不都能排到 Kulik Lodge 的历史第二了,名字也可以被写到小黑板上。钓啊钓啊,最后手都钓肿了。天气又热,干脆跟熊一样跑到河中间去站着。

晚上,我们和来自得州的四个男人一起吃饭。一个叫 Tom 的老头带着两个儿子,其中一个儿子的老丈人也在其中。Tom 说:"阿拉斯加是我遗愿清单(Bucket List)上的地方,因为全美国只有阿拉斯加和夏威夷我没有去过。""当然,"他顿了一下,"夏威夷是下一个要去的地方。"他的大儿子 Tip 道:"Tony, Annie,你们是在 Katmai,已经到了 99% 的美国人都没有来过的地方。"

Richard 则到处和人打着招呼,管带了相机的人要大熊的照片,说:"哎呀,我净顾着钓鱼了,都没有拍照片,如果你们能发我几张,回家我给我儿子看看,他一定很高兴!"

耳朵不好的 Rong 一直在专心钓鱼，反正也听不见，干脆完全忽视了熊的存在

8月2日　告别 Katmai

早晨，还是我们 8 个人，等着坐小飞机回到安克雷奇。

我的脸被晒得红彤彤的，所有人都说"我们又多了一个 Fisher Women（渔妇）"。

从前班飞机上下来 8 个新到的旅者，竟然都是老头。我们重复着前辈们干的事情，开始对他们高谈阔论这四天的见闻，介绍哪里是最好的钓鱼去处。然后在后面加上一句："这里一定会给你独特和难忘的体验！"

一个新来的老头回道："Katmai 的天气太好了，这是阿拉斯加少有的好天气！"（要知道，Katmai 国家公园只有五分之一的天气是晴天啊。）

Richard 大笑道："这里的天气太热了，我们甚至以为回到了德克萨斯。"

从安克雷奇 4 个小时的航程就到了旧金山，我们又回到了又爱又恨的城市生活。

坐在飞机上，BB 忽然说："这也是最美的季节……"我笑了："到最美的地方！"

2014 年 8 月

夏威夷 Lana'i

如果让我一生只能选择很少几个地方去度假，那其中一个必定是 Lana'i 无疑。

Lana'i 可能是夏威夷最安静的小岛，这里没有街头艺人的歌唱，却有风吹菩提的音籁；这里冲浪的少年很少，嬉戏的海豚却很多；这里的夜晚没有灯红酒绿的酒吧、商店，却有在海面上跳舞的满天繁星。

本来以为在这么小的岛待上一周，肯定有时间到对面的 Mau'i 去一趟，可是没想到我们每天打球、游泳、骑马，实在是玩得不亦乐乎，只觉得时间太少，每天傻呵呵地笑着就睡着了。

岛上没有几条像样的路。可以租一辆越野车，到 The Garden of The God，看被大自然鬼斧神工雕琢的红色岩石，海天相接，没有鸟鸣，寸草不生，静到能够听到自己的心跳。也可以开到荒无人烟的 Shipwreck 海滩，看海龟在水中游泳。

Polibus Beach 更是人迹罕至，那里是海龟产卵的保护地，Shipwreck 的海龟已经够多了，就把安静留给海龟妈妈们吧！

最美的是傍晚时分，坐在四驱车的车盖上，从小冰箱中拿出新鲜可口的各式鱼虾，边野餐边看夕阳西下。

我们到荒无人烟的 Shipwreck 海滩，看海龟游泳

  岛上有两个全世界最棒的球场，每个球场最多只有 14 组选手，永远不用担心前后看到其他组的选手或者堵车，住酒店的客户都是 220 美金无限畅打。

  山场叫 The Experience at Koele，运气好的话会碰到几十只灰色小鹿组成的鹿群从面前跳过，还有野火鸡在球场上悠然自得地漫步。山里的天气是我经历过的最舒服、最适合打球的了，我们一天就打了 45 洞，意犹未尽。

  第 17 洞 Signature Hole，落差高达 76 米，右边是水，左边是灌木，金熊尼克劳斯还曾经在这洞打了 8 杆。第 8 洞要过水，几乎每个人都把球打到水里或者岸边的泥地里。BB 去水边找球，摔了个大屁蹲，自己的球没找到，倒是从泥里扒了好几个别人的球，洗洗干净，还都是 Titleist Pro V1。

  本来以为因祸得福了，没想到打了几洞，又发现墨镜丢了，想想肯定是摔屁蹲时掉了，赶快开着球车回去找，正好看到第 8 洞那组的一个人也在同样的地方摔了个屁蹲。墨镜后来是被跟在我们后面的那组找到的，看来他们也下到岸边捡球了，只是不知摔了没有。

我们坐在四驱车的车盖上，边野餐边看夕阳西下

山地高尔夫球场 The Experience at Koele

所有的人都特别和善，打球前赶上下雨，在 Pro Shop 里等着，一个老人走过来，笑着比画了一个"小"的手势，说："You will be melted in the course（你会融化在球场上的）……"

海边的球场叫 The Challenge at Manele，每洞都面对湛蓝的大海，后 9 洞在悬崖旁边，波涛汹涌，经常在清晨时分看到海豚跳出海面。我们在这个 Course 打了两次，我甚至要求不干别的，每天早上起来就到这里打球，后来被 BB 按住了。

在海边餐厅午餐，小野猫会跑过来等着接薯片吃，我们打球时，又看到它们在风景最美的第 12 洞等着，叫上两声，等引起你的注意了，再慌慌张张地蹿到树上回头看。第 12 洞 Signature Hole，要站在海边悬崖上，球必须打过悬崖才能上果岭（Green，高尔夫球道常用语）。

海边高尔夫球场 The Challenge at Manele，在这里能够看到海豚在海湾里跳跃

骑着马，能看到日渐荒芜的菠萝田和辽阔的大海

每辆球车都带有 GPS，临近中午，当我们快到 Pro Shop 的时候，餐馆还会通过 GPS 屏幕发来信息："你们饿了吗？想吃点什么？"通过 GPS 点好午餐，一到餐厅，所有都已经打包好了。

The Stables at Koele 的马都养得油光锃亮，而且训练有素，在山上慢慢骑一个小时，远处是日渐荒芜的菠萝田和辽阔的大海。我们在山上碰到鹿群，愈发感觉这里的原始和自然。

骑马的教练叫 Antony，马厩里挂着他自己做的漂亮马鞍。这次骑马，让我一扫以前从马上掉下来的心理障碍。在欧洲、美国骑骑马还是很安全的。如果你喜欢信马由缰地驰骋，这里也有良种赛马让你选择。

这个小到只有三家像样酒店的小岛，却有两家顶级的酒店——Four Seasons Manele Bay 和 Four Seasons Lodge at Koele。我们先在 The Lodge 住了 3 天，又在 Manele 住了 4 天。

The Lodge 是个古旧的菠萝庄园，带着很多东方元素，比如湖中养着的几尾锦鲤。笔直的松树在道路两边，一直通向远方。漂亮的、带四柱床的房间非常宽敞，即使只是坐在阳台上，听风吹树叶甜美的沙沙声，就已经让人心旷神怡了。

Four Seasons Manele Bay 所在的港湾是海洋保护区，有很多珊瑚，可以浮潜。海豚们也经常到这里休息。早晨，我们经常能看到二百多只海豚在海湾中进行跳跃和表演，这个时候人们可以缓缓地游到它们身边，然后浮在旁边看，但是不能够浮潜，以免影响它们休息。

也有人划着小船接近它们，海豚发出的声浪甚至能够吓到太过接近的人。冬天这里还是驼背鲸光顾的天堂。

Lana'i 的居民都生活在离 The Lodge 10 分钟车程的 Lana'i 小镇上，小镇安静而平和，几乎每个人都互相认识。我们时不常地就逛一逛，镇上有家小店 Fish Market，卖特别新鲜的鱼虾，拌以日式口味的酱料，配上米饭，甜美可口，价格便宜。胖胖的老板很和气，听说我们要去远处玩，就把小冰箱拿出来借给我们，也不问什么时候还给他。我们经常在这家店里吃午餐，然后再逛到旁边买一个大大的蛋卷冰激凌，优哉游哉！

后　记

某次出差途中，我在飞机上喝菠萝汁，喝了一口就知道是化学添加剂兑出来的，忽然怀念 Lana'i 清凉酸甜的菠萝汁，于是写下这段文字，期待下一次的造访……

2014 年 8 月

午后，到Lana'i小镇买个大冰激凌

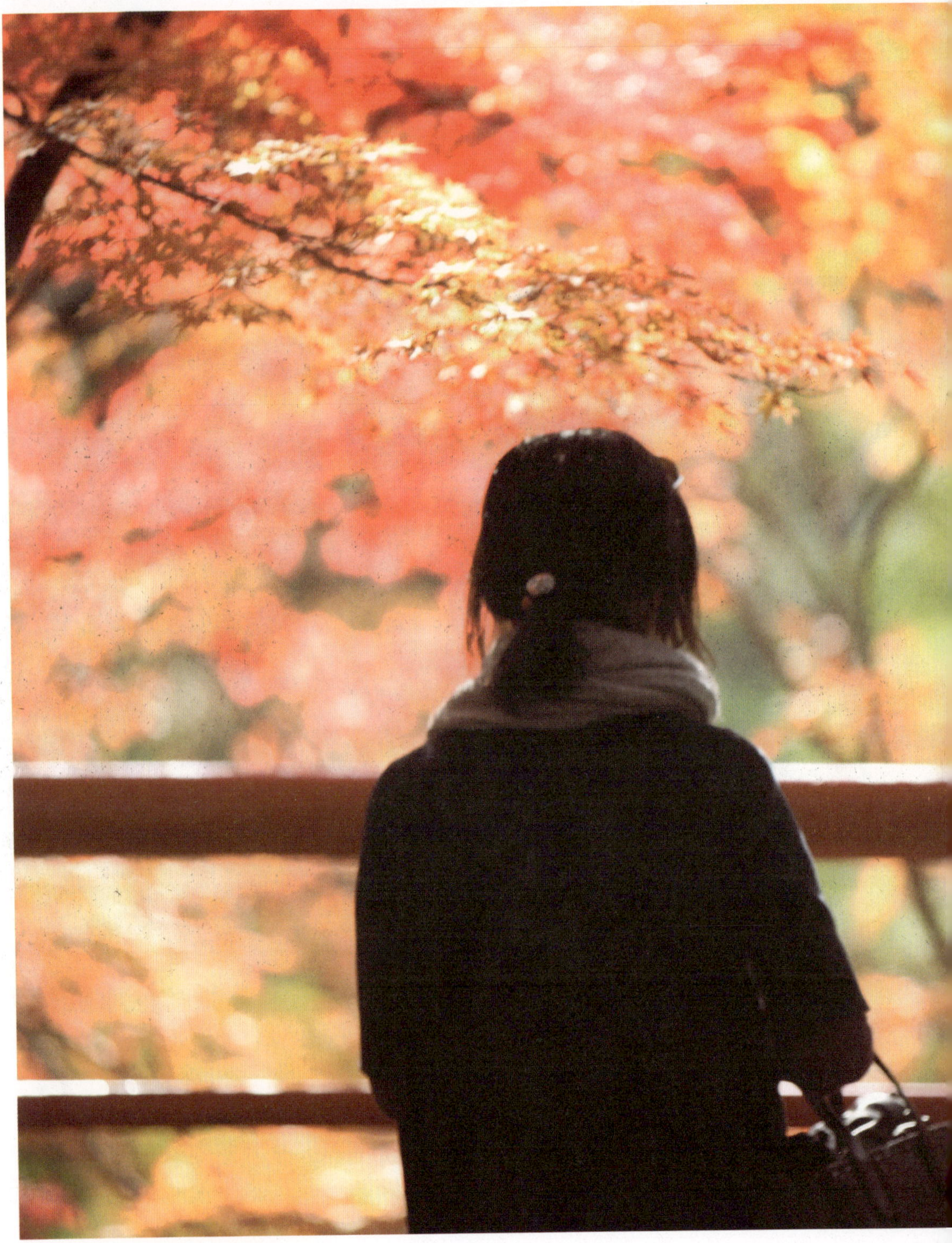

秋　天

Autumn

佛蒙特的秋天

麦兜的马尔代夫

黄石和大提顿——雄浑荒凉的自然乐土

意大利阿玛尔菲海岸——一个让你更爱自己的地方

西西里的美丽传说

希腊——圣托里尼的岛民生活

托斯卡纳的甜美生活

京都——来者如归

佛蒙特的秋天

在佛蒙特（Vermont）的假日，每晚的梦都是彩色的，这里的秋天有太多的色彩。

我们每天在山间追逐着秋天的足迹，看看自然的精灵在 Green Mountain 上

路边到处都是卖南瓜的小店

离 Woodstock Inn 酒店不远处有个新英格兰地区的典型的廊桥

又涂抹出了什么样的画作是件赏心的乐事。即使在同样的一条山路——Route 100 上开车，每时每刻的景致也迥然不同。一场晨露、一阵岚霭都可能让整座山变了颜色，火红的、橙黄的、明黄的、墨绿的叶子，像蝴蝶一样随风在山间轻舞飞扬。

路边的农场和小店被艳丽的大小南瓜装点着，炫耀着一个热闹的、丰收的季节。我们随便找个农庄停下来，买一块新鲜的奶酪、一纸袋的苹果、一大瓶自产的牛奶、一盒大杏或是几个农家自制的小饼，在阳光下小溪边享受丰美的上午。

小礼品店里有当地艺术家的绘画小品，白色的房子、红色的谷仓、绿色的农场、草卷、花牛、苹果树、南瓜地——佛蒙特最常见也最美丽的风景跃然纸上，淳朴中带些童真。

还有很多写着可爱语言的小牌子，我们买了一个——An Old Bear and His Honey Live Here（老熊和他的蜜糖住在这儿），好像就是为我们的新家定做的。

到了周末，到处是庆祝丰收的聚会，农民们把自家产的枫糖、蔬菜、水果、馅饼、小手工艺品拿出来出售，当地乐队歌手在小亭子中唱起乡村歌曲，快乐的孩子和快乐的狗在阳光下跑来跑去。

开始的几天，我们住在号称佛蒙特最美的小镇 Woodstock 上最美的酒店——Woodstock Inn——白色维多利亚式的酒店。酒店不远有个新英格兰地区典型的廊桥，秋叶片片落在老桥上、流水中。

后来我们又搬到了 Green Mountain 山中 Rutland 的 Mountain Top Inn。每天早上很晚醒来，睁开眼睛，窗外层林尽染的山峦、蓝色的天空和镜面一样的湖水，组成了绝美的画卷。

平日酒店人很少，整个酒店的客厅都好像是自家的。酒店是一百多年前的一栋贵族别墅改建的，做了很多次的修复，有老旧的古董家具和舒适现代的设备。不过，屋顶还是密封不严，夜晚的灯光总会吸引苍蝇的光顾，每天睡觉前BB还要进行一项打苍蝇的活动，可这反而让山居日子更加真实。

佛蒙特的 Green Mountain Golf Club 很多年来都被评为新英格兰地区最好的球场，在这里打球会受到家人般的接待。一进 Club，那个梳着马尾辫的帅气小伙子就会打招呼："今天还是吃汉堡吗？一个要奶酪、一个不要？"

球场上，我们被浓烈的、深沉的、生动的色彩包围着，流云中倾泻而下的阳光好像少女的发丝，树林和青草散发出沁人心脾的芬芳，寂静中只听到清脆的开球声在山谷回荡。

打完球，挑家小餐馆，点一客分量很足的安格斯牛排或者一只龙虾，觉得幸福就是这么简单的事情！

晚上回到酒店，我们坐在壁炉前的摇椅上读段《红楼梦》，专挑大观园中吃喝玩乐的章节，看看以前无所事事的人们是怎样挖空心思享受生活的。

美国《国家地理》把佛蒙特评为人生 50 个必游之地，就是因为这里有全世界最美的秋天。在 Google 上查 Foliage Vermont，有好几个专门报道佛蒙特当天

绿山（Green Mountain）高尔夫俱乐部

BB 坐在 Mountain top Inn 的客厅看书、看秋天慢慢走近

最美风景线的网站。

经常有人问什么算是登峰造极的秋景（Peak Season），Vermont 的守林人 Richard Martin 说："每个人对 peak season 的判定标准都有不同，但我总能清楚地捕捉到这一刻，因为每当我看到这绝美的瞬间，可能只是阳光照耀的刹那，都会被感动得流下泪来……"

徐志摩《印度洋上的秋思》中说他最喜欢的字就是"愁"字，"譬如'秋'字，已经是一个极美的字形；'愁'字更是文字史上有数的杰作……我盖见月而感秋色，因秋窗而拈新愁：人是一簇脆弱而富于反射性的神经！"秋天的心是最为敏感而脆弱的吧！

一日，细雨霏霏，群山雄浑，山色灿烂，车中放起了沉静的大提琴曲，这一刹那，我因为佛蒙特秋日的音律而热泪盈眶。

2010 年 10 月

麦兜的马尔代夫

前　传

星期六早上，BB 要加班。

我抓了一本麦兜，躺在床上看小猪麦兜的完美一天。原来小小的快乐、小小的幸福竟是这样的简单，可能一个叉烧包、落在肩上的一片树叶或是没有实现的一个马尔代夫梦想都能够带来满足。不过，这种满足竟让我的眼睛有些酸涩。

我迫不及待地给 BB 打电话："'十一'咱们去马尔代夫吧，带着麦兜的书，我想圆麦兜一个真正的马尔代夫梦……"

一

我们 10 月 3 日晚上抵达马尔代夫，被黑黑的小伙子 Adam 接上前往 Banyan Tree 酒店的汽艇。漆黑的夜晚，汹涌的波涛，不知在海上驶了多久，忽然远处一片温暖的灯光——Banyan Tree 所在的小岛到了。走上栈桥，一个女孩高兴地大叫："天啊！我已经多久没有看到这么多、这么美的星星了！"

我们的别墅面对大海，四周是通透的玻璃门窗，早晨被波涛唤醒，最爱睡懒觉的 BB 竟一下子坐起来，大叫道："真是美得一塌糊涂！"

昨夜我们没有看到小岛的全貌，醒来发现美景就在身边。我赤着脚跑出房间，踏在雪白的沙滩上，浸在清凉透明的海水中，水竟能绿得如此纯净，天空竟能湛蓝得如此温柔。

我们和王川、荣荣赤足在沙滩上绕着小岛漫步，跟螃蟹和贝壳说话。绕小岛一圈只要 7 分钟，不过记忆中却像是永恒。

到了傍晚，当晚霞映红了天际，大家就坐在栈桥上看日落，五颜六色的鱼

早晨被波涛唤醒，BB 说："真是美得一塌糊涂。"

群在脚下游来游去，还不时有可爱的鳐鱼和鲨鱼加入鱼儿们的庆典。

我好像和金黄的鲨鱼有特别的缘分，每当独自一人的时候，五六条鲨鱼就会围上来，展示它们英俊的体态，炫耀它们无可比拟的速度。

晚上，BB让我换上漂亮的衣服。我换了传统的泰式服装，在镜子前左晃右晃。等走出更衣室，惊喜地几乎要叫出来，因为我们的房间刹那间被装点得像宫殿一样美丽！

Adam已经在门口布置好了烛光晚餐的餐桌，房间中弥漫着薰衣草的芳香，SPA音乐伴着涛声传入耳际。酒店的英国大厨专门为我们服务，在房间旁边的椰林里为我们烹制美味的龙虾和大虾。

坐到含笑的BB面前，忽然眼睛湿湿的，想起大学时代，BB勤工俭学攒了几个月的钱，我们第一次一起吃的情人节晚餐。到现在，已经10年！

二

第二天一大早，我和BB还沉浸在梦中，王川就浑身湿透地进到房间来，兴高采烈地说："我们一早就去浮潜了，你们也快起来吧，一起再去！"

白天我们围着小岛周围的珊瑚礁浮潜，阳光透过水面照下来，能够清楚地看到各种各样的鱼：Bigeye Jack每次都是排山倒海般游过来，让人几乎不敢冲到中间打搅它们整齐的队伍；黑白条纹像小燕子一样的旗鱼（Reef Banner Fish）也喜欢成群结队地游来游去；不同黄色花纹、不同品种的蝴蝶鱼（Butterfly Fish）喜欢单独出动，与珊瑚捉迷藏；鳗鱼总是像蛇一样扭来扭去地游动；Powder-Blue Surgeonfish亮丽的蓝色最吸引人的眼球，每次看到它们，我就会想起动画片*NEMO*中那个古道热肠又有些健忘的多莉；Orange-Striped Triggerfish也分很多种，橘色花纹风格迥异。

围绕小岛的珊瑚礁下面只有一两米深，再向外游，一下子就变成了 200 米的深海。阳光的穿透力没那么强，不知下面隐藏了怎样的神秘。

王川说看到深海仿佛面临着万丈深渊，有点胆怯。BB 却高兴得很，张开双臂，感觉像在飞！

拖拖拉拉地上岸，拎着脚蹼到小礼品店中淘宝，买到了介绍马尔代夫鱼类的书 *Reef Fishes of the Maldives*，它给我们每天的浮潜增加了更多的乐趣。

三

Sandback 是漂浮在海中的一个 1000 平米的孤岛，小到只放了一张供两个人进餐的桌子。清晨乘上快艇离开 Banyan Tree 别墅的时候我们还能够看到满天星辉，15 分钟的船程，我们登上 Sandbank 小岛时万丈霞光已划破天际。

Sandback 是漂浮在海中的一个 1000 平米的孤岛，只放了一张供两个人进餐的桌子

随行侍者打理好了丰盛的早餐

　　我和 BB 在雪白的沙滩上捡贝壳，天空被霞光渲染成粉蓝，岛周围的海水如同绿水晶般澄澈，朝阳在大海上投下一道跃动的金链。

　　岛上人迹罕至，所以我们能够捡到平时在沙滩上很少一见的贝壳。不过，最美丽的贝壳总是被寄居蟹占据着，我想带回去，BB 却说："我们还是不要抢人家的房子吧！"

　　沙滩上还一溜烟地留下了螃蟹筑下的沙堆小巢，我们模仿星光大道在螃蟹的小巢边留下手印和脚印。

　　不时有螃蟹从洞里面爬出来，扑向大海的怀抱。可怜的螃蟹趁着波涛退却紧爬几步，又被汹涌的波涛冲回来，然后再奋力地向前。可怜的螃蟹，竟然也有些百折不回的精神，不管怎样，它总有一天会到达目的地的吧！

　　随行的侍者在远处打理好了丰盛的早餐，大虾、烟熏 Salmon 和精美的糕点都是我们的所爱，坐在沙滩的餐桌前看日出，伴着轻柔的海风享受美味，我快

归渔

乐地唱了起来。

后 记

返回的那天，离开 Banyan Tree 小岛的船快开了，我又跑到平时鲨鱼出没的地方去和它们说再见，不一会儿 Adam 急急忙忙地跑过来说："大家到处找你，急死了！"我和 Adam 往回跑，一边跑一边说："Adam，希望明年再在这里见到你！"

他笑，带着几分羞赧："明年我就不在这里工作了，我已经 18 岁了，这是我的第四份工作，我差不多攒够了钱，可以到马来西亚去念书了……"原来身边的少年在如此安逸的生活下竟一直在为自己的梦想而努力，想想心里就很为他快乐。

给麦兜的快乐是假想中的，和 BB 一起的快乐是真实的。马尔代夫旅行的快乐很短，但是每天积攒下来点点滴滴的快乐和回忆却很长……

2005 年 10 月

黄石和大提顿——雄浑荒凉的自然乐土

下了飞机，踩在 Jackson Hole 坚实的大地上，我深深吸了口气。极目四周，群山、旷野、连绵的金色树木……比想象中更加荒凉和狂野。

匆匆过去的一个人，对忙着照相的我们说："你们会在这片土地上遇到更多比机场这里好得多的风景。"

事实也的确如此，高高蓝蓝的天空，阳光下的金色山杨树，成群的安哥拉黑牛，盘旋的雄鹰，连绵险峻的提顿山，都被静静地融入湖水倒影，纯粹明亮。从 10 月初开始的两周，是大提顿最美的秋日，天气的快速变化影响着叶子的颜色和飘落，最美的时光总是难以捕捉。

黄石的风景则是独一无二的，相传这里是地球最脆弱的所在，因此 2012 世纪末日也是从黄石火山喷发开始的。这里有特殊的间歇泉、热泉地貌，而且最近也的确有很多异常。老忠实喷泉不再那么"忠实"了，喷发时间难以完全准确预测，这说明地壳已经悄悄发生了变化。

大部分人到黄石都会绕着著名的八字公路开上一圈，欣赏热泉的独特，但这远远不是黄石的全部。黄石享有"北美塞伦盖提"的美誉。随意开车，公园

10月初开始的两周,是大提顿最美的秋日,天气的快速变化影响着叶子的颜色和飘落

熊牙山落日　　　　　　　　　　　小熊在路边仅剩的一棵树上吃浆果

里会看到无数的 Bison（北美野牛）。但 Lamar Valley 和 Hayden Valley 在黄石公园东北角，接近熊牙公路，游客很少，这才是观察动物最好的场所。

下午从四季酒店出发，生物学家 Sean 带领我们一行 8 人从大提顿进驻黄石。刚进大提顿公园 10 分钟，BB 就率先发现了一只棕色小黑熊。这个季节浆果几乎都被吃完了，小熊就在路边仅剩的一棵树上吃浆果。Sean 说熊很难被发现，上一次他带领的 3 天旅行团一共只远远地看到 3 只熊。我们很幸运，看到的这只熊甚至超过了公园允许的最近距离。

因为出发晚，到黄石天黑了。去 Lamer Valley 方向的人极少。黑天动物出没，一百多只北美野牛携家带口地紧贴着我们的车狂奔。

山间升起又圆又大的月亮，狼在旷野中行走。不知道当年齐秦是如何感受到"狼"的孤独的，那种月光下凄厉的感觉，在黄石的这个晚上是如此强烈地冲击着我的心灵。

因为有火眼金睛的专家带领，我们有很多不一样的经历——

原来，河里随意丢弃的树枝是水獭的家，到了黄昏，我们就会看到水獭在水里悠然自得地游泳，或者咯吱咯吱地啃树枝。它们是世界上最勤奋、最有热情的建筑工人，每天晚上从水中爬到岸边捡树枝修建房子和水坝，一夜大坝即可完工。

① 堵车
② 水獭

原来，夜晚松鼠不安的叫声是它觉得有陌生人侵犯了领地，很可能一匹狼就在附近。

原来，麋鹿和羚羊不同，它们每年换角，并且越长越大，分叉越多越漂亮，我们碰到的雄鹿就有非常美丽的鹿角。现在正是交配的季节，雄鹿依靠鹿角吸引异性，并与其他公鹿对决获得与很多母鹿交配的权利。但到了冬天，狼群会专门捕猎雄壮的公鹿，因为它们在秋天耗尽力气角斗和交配，没有充分觅食，鹿角又大又沉，反而是最虚弱的。

原来，科学家所说的黑熊、灰熊和棕熊，并不是按照颜色区分的，比如灰熊就可能是灰色、黑色和棕色，黑熊也如此。黄石公园大约有150只熊，大生态圈一共有1000只。灰熊背比较高，在黄石很罕见，没想到这次也被我们的视野捕捉了。

大家都知道羚羊胆子是最小的，但我们看到的它们为什么离人这么近呢？原来，长角的雄羚羊想和4只母羊交配，但它们不太喜欢它，所以故意离人很近，看公羊敢不敢来保护它们。

参加了Teton Science School三天的野生动物之旅，我们总能够享受到这种"恍然大悟"的乐趣。

向导Sean Beckett是一位年轻的生物学家，他有鹰一样敏锐的眼睛，能够发现几公里之外的动物踪影；也有孩子般的热情，即使不带着我们这样的过客，

公麋鹿

他自己也每天会到国家公园里观察动物，甚至会去动物园看那些国家公园没有的珍禽异兽。

Sean 的 iPad 中有很多精彩照片，他说："动物摄影家很多时候要靠等待和捕捉，我现在的工作就有这样的机会，我希望永远住在这里观察研究动物，以后出一本动物摄影集。"

Teton Science 组织的活动也会和黄石最著名的风景联系在一起。

猛犸泉（Mammoth Hot Springs）是我在看到照片和介绍之前就梦到过的地方，层叠的钙化石好像覆盖了白雪，却热气蒸腾。我曾经梦到自己在这样一个地方蹦跳着游走，旁边热流奔涌，忽然有一天真的来到面前，只能用"前缘"作解。

估计小辉看到和他微博头像别无二致的大棱镜热泉时，也有同样的感慨。徒步45分钟爬上大棱镜旁边的小山，只有我们几个人，可以心满意足地观看这

公鹿

黄石公路

个"地球之眼",全世界有相当比例的地热泉都在黄石公园,这里到处都是腾腾冒起的白烟,以大棱镜颜色最美。

我们刚下山,就发现刚走过的山侧发现一只灰熊,近在咫尺。Sean 说那是他第一次在大棱镜看到熊,而且这么近,5 秒钟之内就能跑到我们身边。好在 Sean 带着防熊喷雾。

有了这次经历,等我们离开生物学家独自行动的时候,涛哥坚持要买防熊喷雾,然后又经过大伙集体选举,让 BB 挂在身上。不过后来大家才发现,其实防熊喷雾很多余,第一是没有了 Sean,我们根本没有看到熊的机会,第二是熊跑得太快,如果它真的要攻击我们,恐怕我们也很难反应得过来去使用喷雾。

大提顿还是户外活动的天堂,高尔夫、徒步、攀岩、自行车、骑马、飞钓(Fly Fishing)……想到想不到的活动都可以在这里找到专家。

我们在能够看到提顿山的 Jackson Hole Golf &Tennis Club 球场打球,秋叶呢喃。

我们在 Snake River 沿着深蓝色河水顺流而下,学习飞钓。两岸一片金黄。我刚下水就钓到一条 Snake River Trout(蛇河鳟鱼)——只在蛇河才有的鳟鱼。

我们在大提顿公园、黄石 Lamar Valley 和大棱镜徒步,学习辨认熊的爪印、找寻麋鹿的骸骨。

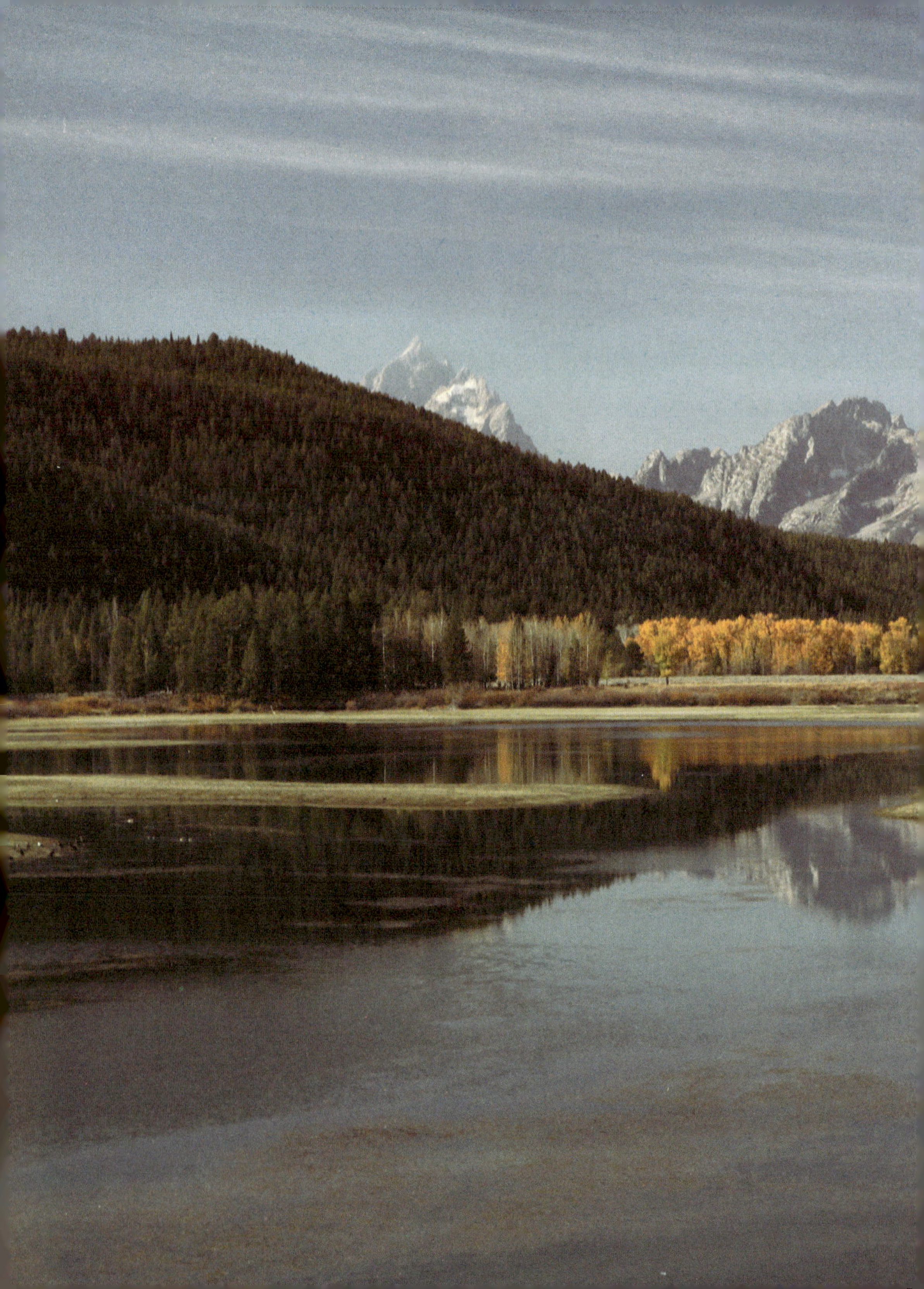

大提顿

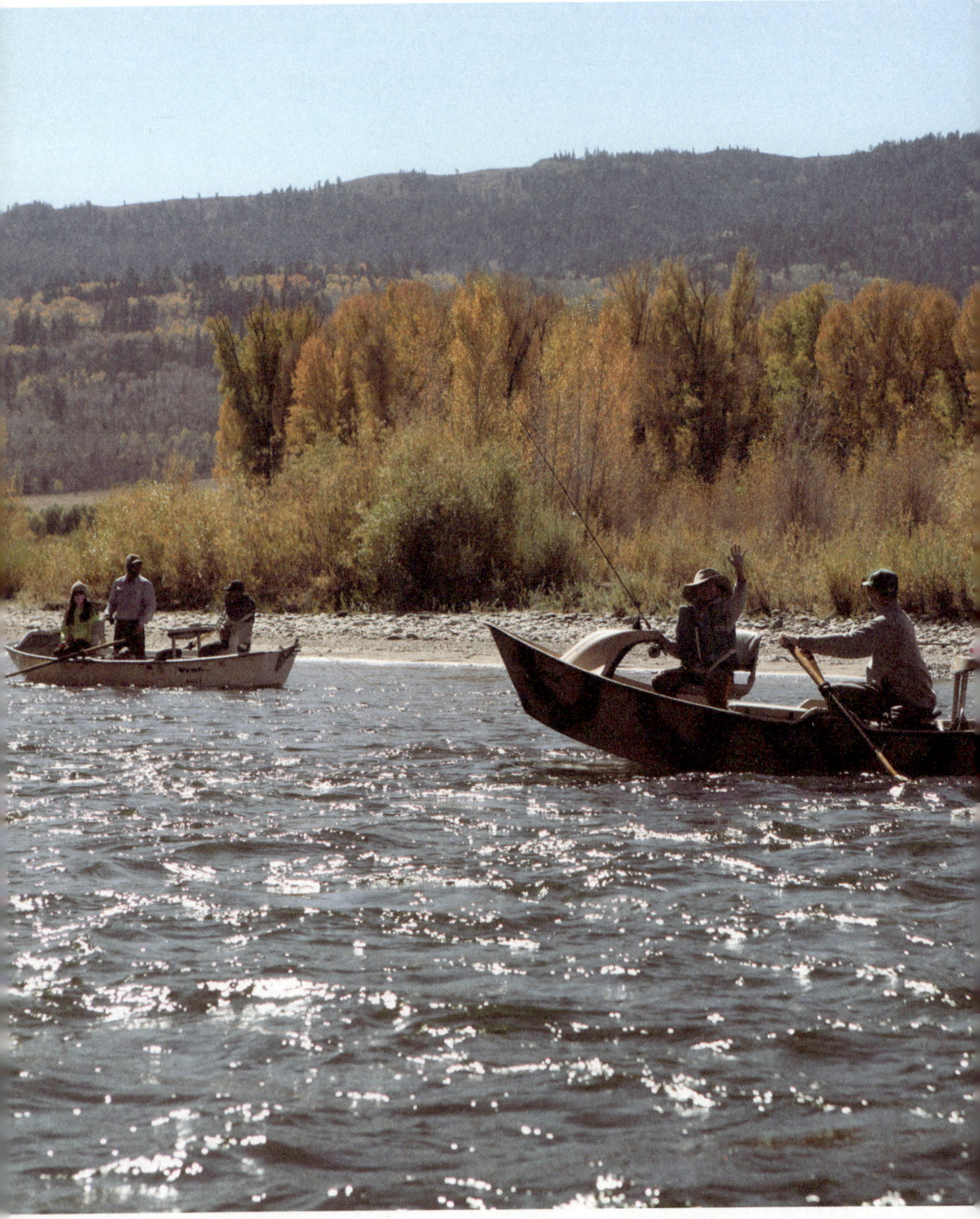

和朋友一起出游，即使租了一辆偌大的 VAN，行李也塞了又塞。由于八仙过海，各显神通，更为旅行增添了专业和乐趣。

善于做饭的大厨、二厨会早早起来给我们准备丰盛的早餐；司机师傅会带着我们一起"和时间赛跑"；打包大王帮我清理了 18 件行李，并且安全回家；最会享受的带来了工夫茶具和消毒棉球；还有很多比我排名更靠前的"战地记者"，记录了此行分秒的收获和时光。

回到家，我们又因为黄石讨论起世界末日的问题，朋友说："如果 2012 就是世界末日，那我们就不需要在这里写 Proposal，应该赶快去完成还没有完成的旅行愿望。"

我说："如果再过 5 年就是世界末日，那么我们可能也会立刻开始这样的旅行。"但其实对每个人来说，生命中又有多少个 5 年、10 年？所以，现在就出发，永远不必等待！

2012 年 10 月

Fly Fishing

小伙伴们

> **提示**
>
> **黄石公园最佳旅行季节**
>
> 　　9月底到10月初是最好的季节，有的时候会因为一阵风就在一夜之间吹掉所有叶子，我们从黄石公园回到大提顿那天的叶子就比刚到时差很远。
>
> 　　Wildlife Expeditions 是一个非营利性教育机构，负责对美国怀俄明所有自然保护区的生物进行保护和研究。活动价格不菲，但所有旅游收益都用于机构后续研究和给中小学生的免费培训。
>
> 　　联系方式：1-888-945-3567, Or 307-733-2623, info@wildlifeexpeditions.org, www.wildlifeexpeditions.org。
>
> 　　生物学家的联系方式：Sean Beckett, Biologist, Wildlife Expeditions of Teton Science Schools, PO Box 7580, Jackson, Wyoming 83002, (307) 733 2623, sean.beckett@wildlifeexpeditions.org, www.wildlifeexpeditions.org。

意大利阿玛尔菲海岸——一个让你更爱自己的地方

快到"十一"的时候,我们想在世界上找到这样一个地方:极度悠闲,有大海,有阳光,有美食,有有趣的小店,有美丽的小镇和热情的人。在《人生五十个必游之地》一书中找来找去,我们发现好像只有意大利的阿玛尔菲海岸满足我们这样的要求。这里总是与各种各样的明星联系在一起,集中了美的地方,也集中了爱美的人。

Amalfi、Positano 和 Revelle 是这个地区最有名的三个小镇,再加上与之相隔几十分钟船程的 Capri 岛,组成了这个地区的必游之地。很多人问哪个最有意思,我觉得真的是各有所长,哪个都不应该错过。Positano 小镇的形态最美,Amalfi 的文化第一,Revelle 最安静,Capri 则是风景无敌,每个地方都值得再次回去。

Capri 岛的老鞋匠

Capri 岛绝对是个应该住上一个星期的地方,以后再来,我会这么过:每天早晨吃好吃的 Capri 沙拉,盛很多西红柿,吃各种好吃的水果。

天气好的时候游泳、晒太阳、看书，或者包条小船出海发呆。

穿着漂亮的凉鞋逛本地艺术家的小店，坐在店门口和他们聊天，收集他们的作品。和 Antonio 一起设计凉鞋，看他的巧手编织美丽的带子。到 Tauassi 的店里玩几天，和他一起给家里烧制与众不同的瓷砖画。

到山顶的 Gelsomiva 农庄享用"妈妈味"的海鲜和自种的有机蔬菜，每天找不一样的本地人餐厅品尝美食。

这样的一周，可以看完很多书，认识一些朋友，带回完全 Capri 岛的味道。

Capri 岛上有两个小镇——Capri 和 Anacapri。Capri 是 Label Lover 的天堂，几乎所有大牌都聚集于此。从 Capri 回来的船上，我们碰到一个中国旅行团，每个人都拎着大大小小的 Prada 和 Ferragamo，估计店里的货已经被他们扫的所剩

Anacapri

无几了。

而我更喜欢去寻找镇子角落里那些全世界独一无二的设计和制作，因为从这样的店里能够感受到更多个体的味道和灵感，因此我更喜欢我们酒店所在的 Anacapri，人更少，风景更好，有很多源自本地设计感很强的小店。

Antonio Viva 是卖手工凉鞋的店，就在 Anacapri 镇上。岛上很多卖手工凉鞋的店，有一部分是"李鬼"，你只有比较了 Antonio 家和其他几家被推荐为"good"的店，才知道他家的鞋子有多么好。

Antonio 老头就坐在店门口做鞋，不时哼着意大利咏叹调。他很懂女人，为不同女人推荐不一样的款式。他为我推荐的都是带细细带子的，而为一个时尚高大的美国女人就推荐了银色镶闪亮宝石的鞋，每个人穿上之后都会"Wow"地为自己的鞋子尖叫起来。

定制的凉鞋都是现场制作的，可以挑选不同的颜色、鞋跟的高度，还可以

我和老鞋匠 Antonio

Hotel Santa Caterina

根据脚型调整带子的长短，因此都异常合脚。我选了四双鞋，Antonio 神秘地拿出一张老旧的照片，是年轻时候的他和杰奎琳·肯尼迪的合影，那个时候的杰奎琳·肯尼迪对 Capri 的手工凉鞋非常着迷。Antonio 说："你看，你选的这双鞋和当年杰奎琳·肯尼迪照片上穿的那双一模一样。这里很多样式都是我设计了二十年、三十年的，可是永远没有过时。"

选鞋的时候，Antonio 假装不经意地看了一眼 BB 的西班牙鞋，开玩笑说："你的鞋都湿了，要不我租你一双穿一天吧！"BB 惊讶极了："你怎么知道我的鞋湿了？"Antonio 很拽地说："这就是专业！"

我称赞他能读懂每个人，他笑："我希望每个人都享受到其中超过手工的更大的价值。"

穿上新鞋走了一天，BB 不住称赞，Antonio 的鞋比得上 TOD'S 的舒适。

"玛丽莲·梦露"

我们还要推荐岛上另一家小店——Scacco Matto，这是我很喜欢的一家亚麻服装店，材质天然舒适，还不算贵，老奶奶给 BB 搭了围巾，这回轮到他"Wow"了。

而我们住的酒店，Relais & Chateaux 集团的 Hotel Caesar Augustus，也是此行中我最喜欢的一家，面对维苏威火山和蓝得纯粹且一望无际的大海。你所看到的 Capri 最美的风景画中的景色，都在这里，而且它比照片中更生动、更漂亮。

酒店的早餐也是我们此行中所有早餐中最好的，Relais & Chateaux 本身就以可口的饭菜著称。这家酒店的西红柿配水牛奶酪太好吃了，水果也各是各的味道。我看到网上不光我在称赞，世界上其他国家的行者饱受现代农业之苦之后，对偶然发现的真正味道都赞叹不已。

南意大利的美食真的妙不可言，既传承了意大利人的烹饪天赋，也占据了自然环境得天独厚的优势，来自维苏威火山的西红柿非常多汁，所有的海鲜都极其新鲜，香叶的香、西红柿的酸、海鲜的甜美、辣椒的热闹都混合在一起，真实而热烈地拥抱着我们的味蕾。

Amalfi 的手工纸品店

Amalfi 曾经是个繁荣的帝国，也是这个地区的中心。有漂亮的建筑和教堂。

我最喜欢一家名为 La Scuderia del Duca 的老店，里面有手工制作的古老本地纸品，还有一两百年前人们使用过的羽毛笔。我们买了很多本子、水彩颜料和画笔——这里的美总会激起人们创作的欲望，住在这里的每个人都很容易成为艺术家，或者，至少有这样的激情和愿望。

Hotel Santa Caterina

我们住的酒店 Hotel Santa Caterina 拥有欣赏 Amalfi 小镇的最佳位置，你会发现这个地区大部分的顶级酒店都不在镇里，而是在离镇子不远的山上或海边，这样才能最好地欣赏它们。酒店的游泳池很值得称赞，坐电梯从山上下到海边，游泳池就在礁石边上。侍者骄傲地告诉我们，布拉德·皮特是这家酒店的常客，而最近他们刚刚接待的明星是尼古拉斯·凯奇。

Positano 的青年旅舍和海鲜大餐

Positano，金字塔一样的小镇，形态优美。我们住在可以看 Positano 小镇的酒店，发现一个特点，Amalfi 的顶级酒店一般都在镇子外面，既可以看到镇子整体的美丽形态及私家海滩，也不受小镇过于喧闹的打扰。

酒店 Villa Treville 曾是意大利著名导演 Franco Zeffirelli（佛朗哥·泽菲雷里）的家，他在这里住了 45 年。当年 Franco Zeffirelli 卖掉他心爱的家的时候，带着很多的不舍，因为 Positano 是他最喜欢的地方，也因为这里留下了很多他和朋友们的记忆。伊丽莎白·泰勒、索菲娅·罗兰、布拉德·皮特都是这里的常客。可是纵有再多的美食、美景、好天气，可房子高低起伏太多，老人老得实在走不动了，在 4 年前，也即他 85 岁的时候，还是搬到了罗马。

很多人都说等老了要去干什么干什么，等老了再去清净的地方颐养天年，可真正老了，可能还是要回到最方便的城里去。所以我想，那些年轻时留给自己退休以后的梦想，还是现在赶快去实现吧！

现在，房子的新主人把它变成了酒店，但他个性低调，并不对外作过多的宣传，让这里始终保持着家一样的氛围。以至于刚到的时候，我们以为只住了我们自己。这里每个角落都很舒适，我真心赞赏意大利人对美的鉴赏力，这需

金字塔形的小镇 Positano

从酒店看到的 Positano 小镇

要天赋和几千年的文化积淀。

到了晚上，住在这里的 4 家人都回来了，围在客厅里像个大家庭一样分享一天的见闻，聊聊自己的爱好——几乎每个到这里的人都是超级酒店控。

有个老头听说我们在 IBM 工作，便说："我做房地产生意的时候，是我帮助 Watson 把 IBM 在纽约的总部搬到了阿蒙克。"旁边一个老太太开玩笑道："Watson 先生去世可有些日子了！"老头道："你不觉得我就像个出土文物吗？"

等我拿出 Amalfi 的纸品，所有的人又都准备第二天去那个古老的纸品店逛逛了。

这好像青年旅舍一样的氛围，让每个人都变得年轻起来。

白天，在礁石上晒晒太阳，然后坐着酒店的小艇，5 分钟就到了 Positano 小镇。Positano 海边沙滩上的 Chez Black 餐厅，如果不是酒店推荐，我们肯定把它当成位置好、食物味道差的"孙二娘"店了。没想到餐厅提供的餐饮不但味道好还特实在，海鲜汤里面堆尖地盛满了海虹、牡蛎、蛤蜊、5种鱼、3种虾，每个路过的人看着这一大海盘，都直冲我们竖大拇指。餐厅的盘子五颜六色得可爱，我画好龙虾、螃蟹或者乌贼并拍了照片放到微信里，很多人都说漂亮。于是我把它们买回了家，每次家里开海鲜大餐 party 的时候，它们就登场。

店里同样摆满了明星照片，居然在众多欧美明星中间看到了唯一的东方面孔——章子怡，旁边还有一个男子，店里的老板指着那个男子说："Famous, Famous！"回来后我们才发现照片上那个男子是章子怡的前任男友，若干年前她被偷拍到和外国富豪男友在海边晒日光浴的照片就是在此。照片上的欢乐依旧，可如今子怡已经有了另一个爱她的人。

这个镇里我最喜欢的瓷器店是 Boutique Carro Umberto s.r.l.。在来到 Amalfi 海岸之前，我很难想象人们的手工还能制出有这样美丽色彩的陶瓷，这些陶瓷色彩丰富又自然变换。到了这里之后我才知道是这个地方本身就无比美妙的色彩启发了手工艺人的灵感。天和海蓝得那么纯粹，新鲜蔬菜的颜色、土地的颜色、家家户户把房子涂成热热闹闹的颜色，组成既斑斓又和谐的美，难怪意大利著名文具品牌 Fabriano，有一个彩色条纹文具系列就以 Amalfi 的著名小镇"Positano"命名。

我在 Amalfi 海岸的每天都沉浸在无比幸福当中：坐在湛蓝的大海边看完了大部头的书；面对五颜六色的小镇画完了几幅画的草稿；穿着漂亮的水红色连衣裙逛各种手工小店和画廊，买了很多手工纸品和漂亮瓷器；开着敞篷车在弯弯曲曲的海滨小路上闲逛；在本地人经常光顾的餐厅里面朝大海、大快朵颐。那几天，我自己也爱自己极了，总是在镜头前面扭摆着，然后和 BB 两个人面对面地傻笑着，觉得自己是最快乐的人。

2013 年 10 月

西西里的美丽传说

也许是由于西西里在历史上很长一段时间都属于希腊的缘故，于是这里成了意大利最风情万种的地方：明媚的阳光，新鲜的食物，热情奔放的人们，古老的神庙，浪漫的渔村，和世界上最文艺的电影紧密相连的小镇，珍宝一样闪闪发亮的周围小岛。你几乎能在这里找到自己想要的一切。

传说一：如果你热爱美食，不妨到 Catania 的鱼市场看看

Catania 的 Fish Market，是我见过的最生动的鲜活产品品种繁多的鱼市。

这里有全西西里甚至是全世界最好的剑鱼、粉红宝石颜色的虾，一盘盘满满的海虹、蛤蜊、海胆，甚至还有我曾经在美国阿拉斯加钓过的 Black Rockfish、很小的鳐鱼，以及很多叫不上名字的稀奇古怪的海中珍宝。还有的已经配着橄榄、西红柿、茄子、土豆做成了各种美味凉菜。

记得电影《西西里的美丽传说》最后，昔日男人们心中的女神归来，最后经过的市场大抵就是这个样子：三三两两步履蹒跚的老头，扭动着肥硕臀部的

Catania 的鱼市

风情万种的妇女，热情奔放的小贩……桌子不堪海鲜的重负而发出深沉的呜咽，老头们的聊天声，鱼贩们的叫卖声，陌生人互相打着招呼，各种声音混合在一起，汇成了清晨最具活力的交响曲。

我们是鱼市上唯一的亚洲面孔，没有人听得懂我们的语言，甚至没有人会说英语，但在这样的地方，一切语言都是多余的。我们被这样的热情感染着，眼花缭乱地选购着美食，接受着小贩们在此之外的无私的赠予。

世界上最具变化的风景就是人们的日常生活，而 Catania 恐怕是其中最独特的一道。

传说二：如果你想品味西西里宝石一样的离岛风景，Aeolian 群岛的 7 个岛屿个个令人惊叹，Panarea 是其中最具希腊风情的

Panarea 是西西里离岛小岛中的一个，在 Aeolian 群岛中最小，它面对斯特隆伯利（Stromboli）火山，充满希腊风情。

Raya di Myriam Beltrami 被 *DK Top 10 Sicily* 评为西西里排名前十的 Resort 第一，它占据了几乎整个山坡。我极爱白房子、蓝天、大海、用火山石铺成的小台阶。

令人惊讶的是，我们住的 37 号房间是唯一有三角梅花架又能看到斯特隆

伯利火山的。今年8月的《安邸AD》杂志上专门有一篇文章介绍全世界最美的凉棚，照的就是这个房间。我们还准备参考这个凉棚以后建一个紫藤架，没想到几个月后竟然住在了这里。

小镇Erice，维纳斯的道场

每天面对斯特隆伯利岛看火山不时喷出白烟，听着安德烈·波切利的情歌，享受火山土壤和西西里艳阳孕育的美味西红柿烹制的食品，的确是很惬意的事！

Panarea的清晨，神一样的美。清晨推开房门，繁星浩瀚，村庄和火山都被笼罩在清冷的静寂中。

可就在接下来的短短一小时之内，海天之间上映了一场斗转星移的盛典。

神挥一挥衣袖，晨星褪去，天空披染上淡淡的粉霞。神再挥一挥衣袖，太阳透过云层从东方熊熊燃起，赫利俄斯驾着太阳马车划过天际，射出万丈光芒。

星辰为云彩让位，云彩却要让位于太阳，因为只有太阳才是天地的主宰。

早上，在仙人掌山环绕的火山深海温泉，一个老妇人在水中悠然地靠在山石上，看到我们，她说："你们一定要泡够20分钟，这里的水对皮肤和头发都有很好的滋养作用，可以让皮肤光滑紧致，也可以让头发顺滑闪亮，还可以让眼睛明亮，这里的温泉在全欧洲都享有盛誉。你们看，刚才那位老先生，他是全欧洲最有名的心理学家，他每年都会来这里两次，每次15天，就是为了享受温泉给他的治疗。"

Panareal 的清晨

Panarea 戏剧般的日出

BB 问："您是这里的主人吧？"她笑着点头："我已经 82 岁了，在这里生活了好几十年。"

Panarea 对面的斯特隆伯利岛是个从海面升起的金字塔形火山，几乎所有人童年时对火山形貌的想象就是如此。它也是群岛中最年轻的火山，只有 4 万岁，最近 2000 年来一直都在喷发。同性恋人设计师 Dolce 和 Gabbana 在这里买下了夏日别墅。当年那个意大利导演和英格丽·褒曼也在热恋时到访这里。

月黑风高，我们坐上了一条前往斯特隆伯利岛的小船。月亮被云彩遮住了脸，天渐渐暗下来，海面上一片黑压压的沉寂。

过了半个多小时，忽然看到火光在山脊流转，这就是火山了！蜿蜒的火舌映红了天际，不时有带着火星的岩石滚落，把山顶的云和海面都映成了红色。

可是，一时间月亮出来了，在海面上洒下银色的光辉，山也披上银色的征袍，流淌的红色熔岩就像束缚在山身上烧红的锁链。不知怎么，我觉得这个山就是被缚的普罗米修斯的化身。远处的云层里，巨大的闪电一次次划过长空，一切都恍若神谕世人般的震撼。

Panarea 对面的斯特隆伯利火山岛

离开 Raya 酒店的时候，我们又碰到酒店的主人——Myriam 夫人。她喜欢我那张靠在山上被淙淙泉水淋湿了的照片，特别要了来，说要放在酒店网站上，因为这会让她想起自己年轻的时候。

Myriam 夫人告诉我，以前这个岛上没有电，也没有水，一切都非常艰难。黑手党还要杀掉她。但是，她说："我的梦想就是改变这个岛，改变 200 多年来人们的生活，创造自己的

我们和 Raya 酒店的主人 Myriam 夫人

奇迹。现在，岛上有我梦想中的酒店、美味的餐厅，我做到了！"

Myriam 夫人把最后一本酒店的画册送给了我们，并写上自己的祝福，然后说："希望今后有更多像你们一样的人到这个神奇的岛上来。没有什么是不能实现的，不管你多大年纪，只要心怀梦想！"

看来上天创造女人，就是用来做梦的，她们对生活的憧憬和想象，改变了这个世界。

传说三：如果你热爱电影，请到小镇 Cefalu 来，向电影致敬

西西里小镇 Cefalu，是意大利著名导演朱塞佩·托纳多雷拍摄《天堂电影院》的地方。

我们到访的这天，一路上都在下雨，只有 Cefalu 是阴天。天和海都是感性的灰蓝，就好像影片开头海的色彩，配着恐怕 100 年也没有变过的狭窄街道以及

小镇 Cefalu，拍摄《天堂电影院》的地方

破旧错落的蜜色房舍,一切似乎都对极了。

《天堂电影院》是托纳多雷的自传式经典。他的时空三部曲——《天堂电影院》、《海上钢琴师》、《西西里的美丽传说》——都是我的最爱。

走在这个镇子里,总有穿越般的朝圣感。海浪一波一波地涌向岸边,我好像听到艾佛多老人站在那里对多多说:"学那个士兵,离开这里!每天都待在这里,会把这里当成全世界的,会相信事情一成不变!离开之后,过个数年,一切都会变。你得离开一阵子,去闯一闯,再回到亲友身边、回到这片故土。现在不可能,你比我更盲目。"

多多:"是谁讲的?加里·库珀?詹姆士·史都华?亨利·方达?"

艾佛多:"不,多多,这不是电影对白,这是我心里的话。人生与电影不同,人生……辛苦多了!"

传说四:如果你想离神很近,那么请到 Agrigento —— 被神祝福的地方

如果只能推荐西西里的一个地方,那我肯定选择 Agrigento——2500 年前的神庙群所在、联合国世界遗产。

Villa Athena 酒店改造于 300 年前的一座贵族官邸,属于 Small Luxury Hotel 联盟,就在 Agrigento 的神庙谷之内,离最完整的协和神庙只有 200 米。人们吃饭、游泳的时候,都能够欣赏神庙的美轮美奂。

我们进神庙的那天,已经傍晚。

一边日落沧海,一边月起长空,冰的冷艳与火的热忱在神庙上空交织,放射出奇迹般的光亮,整座山城映出红宝石般的颜色。

游客已经散去,只有我们在神庙的巨石间游走,继续着和几千年前的人们

一样的人神对话。

晚上回到酒店，我们坐在周围种满橄榄树和柠檬树的露台上晚餐，月光如水，琴音如瀑，两座神庙在山顶交相辉映。

这里的菜品既有意大利菜的新鲜，又有法国菜的丰富，薄薄的白鱼配着西瓜、蜜瓜薄片包裹的海胆，变幻的新鲜充盈着味蕾。

BB 说："等咱们结婚 20 周年纪念日的时候，就请朋友们到这里来吧，包下这家酒店，因为这里可以接受神的祝福。"

菜单扉页上有这样一段话："我们要感谢神的慷慨，他让我们在享受美食的同时，还能在这个露台上享受比美食多得多的东西。"

Agrigento 的神庙

传说五：如果你想和几千年前的大师对话，Syracus 是阿基米德和埃斯库罗斯的故乡

Syracus 在 LP 的西西里 highlight 中排名第一。这里曾经是规模超过雅典的城市，也是阿基米德的故乡。

2600 年前的古希腊剧场是所有戏剧爱好者的圣地。2500 年前，埃斯库罗斯的悲剧《被缚的普罗米修斯》和《波斯人》都在这里首演。剧场至今到了春天还会上演埃斯库罗斯的剧目。世界上总有一些人为伟大而生，历史是他们创造的。最终这位悲剧大师有一个非常喜剧的结束——在这里他被从天上掉下来的一只乌龟砸死了。

Syracus 旁边的小岛 Ortigia 很时尚，有号称全西西里最美的广场。坐在广场上吃饭，一轮巨大的红色月亮从屋顶上缓缓升起，我惊讶极了，说："那是月亮吗？"

当月亮完全露出头时，所有经过的人都看到了它，

Syracus，至今还在上演埃斯库罗斯剧目的古希腊剧场

为它驻足和赞叹。孩子们为月亮欢乐地奔跑，路灯下拉手风琴的人们为月亮奏出欢乐的曲子。这天，寒露。

传说六：如果你想在蔚蓝海岸线旁边看一看西西里人的简单生活，小渔村 Sciacca 有粗声粗气的渔妇

西西里的 Sciacca 是我最喜欢的小渔村，车开到海边的时候，车里音响中的安德烈·波切利正唱着"I found my love in Portofino"。海蓝得深沉，房子的颜色热烈得纯粹，刚洗过的衣服迎风轻扬。

Taormina 小镇海边的孩子们

这天，寒露，Syracus 的红月亮

村子很安静，偶尔传来一两声狗吠，还有妇人粗声粗气的谈话。似乎这里就是个能够让人找到真爱的地方。

渔村因为海鲜而著名，所有海鲜都是刚打捞上来就被送进了餐厅。在临海的 Ristorante Miramare 餐厅吃烤鱼，你也说不清可能会送上来什么，只是能简单地面对天海的湛蓝，就足够了！

结 语

记得那天阳光极好，海水是孔雀蓝的，我们听着安德烈·波切利的歌，BB开着小敞篷车，我的头发被轻轻吹起。BB忽然很感动地对我说："我真喜欢和你一起玩！"感谢在最美的季节，有你在我身边！

2014 年 10 月

希腊——圣托里尼的岛民生活

清晨，我被屋外的几声猫叫吵醒，薄雾中，两只黑猫相对站着，弓着背，竖着尾巴，就在我们房门口的白色石栏上。我下床来睡眼惺忪地看了一眼，又回屋睡去了。

不过我醒得还是很早，起床以后，发现只剩一只小猫蹲在石栏上看海，我躺到沙滩椅上，拍拍手，小猫就跳到了我身上，一会儿它竟睡着了。我们住的酒店是个传统的希腊洞穴式民居Villa，面对大海建在悬崖上，我一边逗猫，一边看海……

这时候，我们的邻居——一位德国大哥也起了，他推开门，舒服地伸了两个懒腰，叼上一支烟，缓缓地对我说："早晨好啊！这，才是生活！"

BB醒得最晚，他一推开门，小黑（我们给小猫起的名字）就跳到BB腿边蹭来蹭去，BB把我们带的零食拿出来，喂给小黑吃了。

我们酒店里还住着几个模特，前一天我还看见她们在一个面向大海的教堂前面穿着泳装搔首弄姿，没想到她们和我们都住在这个只有15间Villa的小酒店里。

在一起 在路上——熊猫的牵手之旅

162

我和小黑

一个模特一扭一扭地走过去逗小坏狗，可是小坏狗不走了，趴在桌子下面等吃的，在它酒足饭饱之后，于是便找了个阴凉的地方躺下了。

BB 趴着晒太阳，脚搭在围栏外，用他的话说就是"脚被晒得很酥"。我用彩色铅笔画蓝色的圆顶教堂、层层叠叠的白色小屋、弯弯曲曲的石子小路、海蓝色的小木门、院子里盛开的三角梅、辽阔的爱琴海和希腊特有的蓝天空。

圣托里尼最经典的教堂

就这样，我们在希腊最美的圣托里尼岛上的最美的镇子（Oia）的最美的小街上待了 4 天，每天晒太阳、睡觉、画画、吃美味的 Pitta 和海鲜，觉得自己已经成了镇子中的一员。

中午，我们沿着高高低低的海边小径走，看到酒店那个帮我们提行李的大哥站在台子上，一边帮另外一家商店刷墙，一边向我们招手。路过每个我们买过东西的小店，店主人都会热情地问："今天好吗？"

这里每一家小店卖的东西都不一样，和 Fira（圣托里尼岛最大的镇子）比起来，绝对优雅，很多小店都有一个能看到爱琴海的漂亮的阳台或者小窗。

我们坐在小镇中心车站前的 Pitta 店吃午饭。Pitta 是一种类似 Kebab 的食物，把肉烤得焦焦脆脆的，用又香又脆的饼裹着吃。这里是阿毛和大白的地盘。阿毛是一只灰色的像松狮一样的大狗，大白是一只全身雪白的狗。阿毛不爱动，总是趴在一家卖橄榄油的小店前面咬一只废弃的矿泉水瓶子。大白很乖，我们坐下吃饭，它就蹲在旁边等着。大白爱吃薯条，不爱吃洋葱，BB 就自己吃一口薯条，再给大白吃一口，其乐融融。

就像在巴黎不穿黑色的衣服就特别格格不入一样，在爱琴海，如果不穿一件海蓝的衣服，或者戴一件海蓝的首饰，就觉得不对味儿。满街上的人们都穿戴着各种各样的海蓝色衣服或首饰飘然而过。小店也被各种蓝色装点着，玻璃的蓝色眼睛，蓝色的小船、项链、贝壳、好看的皮凉鞋……店中还有很多火山灰制成的艺术品，圣托里尼岛的火山 1956 年还曾经喷发过，把 Fira 和 Oia 毁于一旦，我们现在看到的所有建筑都是其后重建的。

而公元前 1500 年的那次喷发，使原来完整如满月的岛屿一部分沉入了海底，形成了现在新月形的小岛，因此人们猜测这里就是柏拉图描述过的大西洋中的极乐世界亚特兰蒂斯的原型。

一阵狗吠打断了我的思绪，小坏不知什么时候从我们的酒店跑出来，又开始和另外一只狗挑衅。回到酒店，我发现果然小坏一走，小黑就跑回来了。它见到我们很高兴，跑过来蹭这儿蹭那儿。我招手让它进门，这下它可高兴坏了，一下子就跑到冰箱门边，用猫头使劲顶，想把门打开。后来它发现自己力气太小了，就"喵喵"叫着跟在 BB 后面，BB 干什么，它都老老实实地看着。BB 躺到客厅的沙发上看书，它也跳上去，在 BB 腿上起腻，还在 BB 怀里滚来滚去的，一会儿又翻个身、打个哈欠、发出呼噜呼

圣托里尼的夜晚

噜很舒服的声音，真让人哭笑不得。

要去看夕阳了，BB连哄带骗地把小黑弄出了屋，锁上门，结果他又把要带的其他东西都锁在屋里了，就这样来回折腾了一番，终于出了门。圣岛有号称全世界最美丽的夕阳，我们在岛上的每天都没有错过，每天都有不一样的风景。酒店离看夕阳的地方走路只要两分钟，前一天在我们旁边看夕阳的美国老头又来了，他还是非常愉快地和周围的人高谈阔论。

大花和大黄一公一母两只狗也如期而至，他们不管不顾地窜上了最好的位置，把原来等在那里的几个人都挤走了。人和狗一起，静静地，看太阳落幕，看它的余晖映红了天际、映红了海水、映红了海上的白帆……

等到太阳完全在天际隐去，人们鼓起掌来，两只狗也开始汪汪叫，人们仿佛都是它们日常游戏的一个组成部分。

夕阳时分

街角商店的老大爷也倚在门口看夕阳，前一天我们在他的店中买了很多质地舒适的衣服。见到我们，他热情地张开双臂："噢！我的朋友！今天的夕阳真好啊！"然后非常神秘地指着面向大海的一栋粉色的小房子自豪地说："那是我的家，我自己的房子，我已经在这里生活20年了。"

按照老大爷的推荐，我们到镇上的 Petros 小饭馆吃饭，这里的鱼特别新鲜。在圣岛的四个晚上，我们有三个晚上在这里吃饭。他们的炭烤大虾、用番茄和奶酪烧的虾、整只的炭烤大墨鱼、塞馅墨鱼（在墨鱼肚子里塞上番茄、青椒和奶酪）、烤 Black Bream（一种小而鲜美的深海鱼），味道都好极了。我们还特别推荐炭烤章鱼（Octopus），一份就是一两只触角，但已经足够大了，我以前从来没有吃过这样鲜美如螃蟹又韧性十足的章鱼。因为我们是小店的常客，店主人特别给我们送了酸奶加上甜果的自制甜品。

吃完饭，我把剩的虾打了包，想给小黑吃，BB说："这么长时间，小黑肯定早到别的地方玩去了。"

进了院门，果然没有小黑的影子。忽然，小黑从我们的屋檐上跳下来，原来它一直在等我们，见我们回来，小黑兴奋地转了好几个圈子，然后就开始吃虾。我们在院子里数星星，看流星从天际滑落。

等我们进屋，小黑就在外面抓门——只好让它进来喽！它跳上沙发，来来回回滚了几下，和我们玩了一会儿，就用毫不设防的姿势一动不动地睡着了。

凌晨5点多，小黑醒了，跳下床。我开灯，它似乎忘了自己身在何处，像踩了电门一样，尖叫着在屋中跳来跳去，一会儿抓到窗户上，又掉下来。我们吓坏了，赶快开了门，小黑箭一样地一步就冲了出去。有了这次经历，我们就再没有让猫狗进屋来。

早晨，我们在巷子里又见到了小黑，它在一个大妈家的院子里吃东西，和另外一只小黑猫以及一只小花猫在一起，我们跑去叫它，它看看我们，爱搭不

能在露台上看夕阳的酒店

理地走了。

　　后来，我们又搬到一家朝西的能在露台上看夕阳的酒店，不是小黑的地盘，换了一只全身雪白的小猫小美陪我们玩，我们就更少见到小黑了。坐在屋顶看夕阳，只有帕瓦罗蒂《我的太阳》能够配得上这样的壮美。

　　在圣岛的最后一天是个周日，我拿起相机对 BB 说，我要把这里的每个片段都照下来，串成故事。如果下次你也到圣托里尼的 Oia，请你帮我们去看看故事的主人公——

　　帮我们提行李、还会刷墙的大哥；

　　小酒店里那个胖胖的服务女生；

　　面对大海和蓝顶教堂的木雕店以及店里的艺术家；

　　卖衣服的老爷爷；

　　卖皮凉鞋和海蓝色玻璃项链的大哥；

　　在广场上画画的画家；

Petros 的店主人；

……

还有吃那些百家饭的流浪的猫儿、狗儿：

总站在甜品店门口的那只狗叫小甜；

长得像狼一样英俊的大狗叫大威，还有一只小一点的狗叫小威；

总站在墙头乱叫的白色哈叭狗叫小汪；

总趴在广场看画家画画的狗叫画家的狗；

还有一只和画家的狗长得一样，但是总在商店门口的叫画家的假狗；

Pitta 店门口的那两只分别叫阿毛和大白，总是欺负小黑的叫小坏；

总和小坏打架的小黑狗叫狗小黑；

每天都到海边看日落的幸福的公狗和母狗分别叫大花和大黄；

和我们一起玩的小猫叫小黑；

在小黑之后陪我们看夕阳的白猫叫小美，它的追求者叫小灰；

……

对着流星许个心愿，希望下次再来！

2007 年 10 月

托斯卡纳的甜美生活

如果说希腊是透明而单纯的，那么意大利的托斯卡纳就是深邃的，而且就像北京的秋天一样，带着一点美丽的忧郁。

想起到托斯卡纳去，竟是因为在北京的楼盘——香醍漫步，我喜欢这里起伏的坡地、小窗外的花园、在蓝天映衬下姜黄色的钟楼……正因为此，我和BB专门拜访了离意大利罗马两三百公里、原汁原味的托斯卡纳香醍地区。

即使在最详尽的米其林托斯卡纳地区的地图上，Sicelle 也只能够得上最小的那个点，因为这个地方只有两座建筑——我们住的小农舍和一座石头教堂，被广

托斯卡纳的农舍　　　　　　　　　　　　托斯卡纳的乡村傍晚

衮的葡萄园和橄榄树环绕着,在温柔的阳光下,甜美而宁静。我穿着极舒适的衣服,在花园里无所事事地走来走去,有种想做园丁的冲动。

最近的镇子离我们住的地方开车20分钟,城里只有一个小广场、一口老井、一个 Pizza 和冰激凌小店。

旅店主人给我们推荐了一家雅致的餐厅,离小镇不远,坐落在山坡上,远远地能看到镇子的灯火。我们本以为只有在佛罗伦萨才能吃到特有的厚达3公分、重达一斤半的巨型牛排,没想到在这个名不见经传的小镇旁边,也能品尝到登峰造极的美味,切一小块带着松木香气的牛排,外部焦香可口,内部柔嫩多汁,足见美食是托斯卡纳人至高无上的人生信仰。一些成双成对的老人挽着手到店里来,坐在桌前品着红酒,微笑着小声交谈。

BB 说:"咱们好像和老年人的意趣比较相似,总是到这些老年人生活和游览的地方来。"

我们开车在山间转来转去,落叶轻轻飘舞在空中,阳光把葡萄园照成了金色;闻到各种奇花异草的香味,仿佛让我们进了一个天然的 Spa 馆。路边到处是酒庄和农舍的指路牌。在托斯卡纳,只有香醍地区的某些酒庄才被授予生产带有黑鸡标志的葡萄酒,这里成为全世界美食家向往的圣地。

这是个星期六的上午,本来静无一人的小路突然出现了一辆敞篷老爷车,两个开朗的大胖子挤在小小的空间里向我们热情地挥手。隔不一会儿,又有几辆老爷车载着无忧无虑的人开过来。后来我们才知道,这天正赶上香醍地区的老爷车比赛,不知道我们最初见到的两个胖兄弟是不是取得了好成绩。

山坡上,一位老人带着老花镜阅读当地的报纸,他的老伴在不远处采集放到家中餐桌上的新鲜花束。见到我们,老人很热情地走过来,指点着远处的风景,在意大利语的交谈中,我们只听懂了老人不断重复的 Chianti、Chianti,其实语言又有什么用呢?所有想说的话都已经在彼此的笑容里得到了理解。

锡耶纳

佛罗伦萨的夜晚

　　在托斯卡纳，不光有闻名遐迩的佛罗伦萨和比萨，也不光有美妙绝伦的 Ferragamo 或者 Gucci，走过托斯卡纳连绵的坡地，我们会看到一座被围墙围拢的不知名的中世纪小城，它同样有自己的精妙之处。在这些小城的老街小巷中，往往能够找到一家制作手工皮制品的小店，我们买了很多皮鞋、很多好看的包包。这里也可能藏着一个小小的餐厅，制作鲜美的火腿。

　　噢，还有，在托斯卡纳，我认识了两种颜色，一种是橄榄色，另一种是油画中的锡耶纳色。锡耶纳曾经和佛罗伦萨一样，是托斯卡纳地区的中心，但锡耶纳又常常迷失在佛罗伦萨的光环下，让人们遗忘了她的风情。锡耶纳色的房子挤挤挨挨的，有美丽的铁质路灯和门环。从锡耶纳离开的那天，我们看到很美的晚霞。

京都——来者如归

虹夕诺雅的禅意秋山

虹夕诺雅·古枫茶会

秋入岚峡月影疏,点茶星野林深处。

红枫叶落枯山水,巧停光阴忘有无。

岚山星野集团的虹夕诺雅酒店是我住过的最具现代禅意并与自然完美融合的酒店。

在渡月桥畔,乘上香柏木制的小舟,捧着暖暖的手炉,沿碧水而下,就到了隐匿在彩林之中的虹夕诺雅。

在天色渐晚的黄昏,捧一杯热热的抹茶坐在古枫树下的红毯上,周围只有树叶与风低声细语,我静听微笑,好像一直就在这里等待秋天走近又走远。

叶子飘落在枯山水上,静止中却似激流暗涌。叶和碎石都是静止的,却这样巧妙地把叶落流川的动定格下来。

因为看过《日日是好日——茶道带来的十五种幸福》一书,于是我就告诉

BB，喝茶到最后一口，要出声。他呼呼地吸了半天，我和师傅都笑了："时间太长了！"

参加茶道的客人，其实也要稍微掌握点茶道知识，才能领略和欣赏其中的心意。

晚上，星光洒满山谷，对面传来小鹿叫妈妈的声音。我们站在古枫树下，对着树洞许愿，树叶沙沙，听得懂我们的话。

酒店只有二十个房间，我们这么多年都没订到过，这次也是完全订满，我们在 Waiting List 上排第二十一，本来以为没有希望了。BB 给酒店写了一封信，对方终于被打动，最后给了我们房间。

虹夕诺雅酒店

岚山

于是，心中充满感动。秋天最好的季节，在拥有世界上最美秋天的地方——游人如织的岚山，本来只期待一棵无人打扰的枫树，BB却给了我一整座安静禅意的秋山。

临走那天早晨，碰到几个大阪电视台的人在拍摄《最美日本》的纪录片，邀请我们作为虹夕诺雅的客人参加表演。于是，我们跪在枫树下的红毯上，专享抹茶。

对方采访道："这是岚山秋季最美的一天，你们喜欢这里吗？"

我说："喜欢极了，因为这棵老树晚上的时候会说话。"

他惊讶地问："你们说什么了？"

我答："我们对树说，我们希望永远这样好地在一起！树听得懂我们的愿望，也用'沙沙'的声音回应我们的心愿。就像世界上很多时候，并不需要语

岚山的写生老人

二尊院

两棵心一样的红叶

言，同样可以感受到对方的情意。"

柊家的来者如归

天有点冷，我拉开柊家的格子门，洒过水的石阶湿漉漉，非常干净，几枝秋花插在门前，色彩斑斓，姿态寂寥。

这时候，里边的人听到了声音，都跑出来对我们说："Welcome back!"配上川端康成最爱的那句"来者如归"的古匾，说不出的温暖。

不知道为什么，川端先生在晚年呕心沥血的力作《古都》中并没有提到柊家旅馆的名字，这是先生每到京都一定会下榻的地方。《古都》主人公千重子的家就在柊家附近，书中常常会出现我已经逐渐熟悉的传统寺庙、市场、老字号门店和祭祀活动，把京都的美自然而然地蕴藏其中。也因为这部作品和《雪国》，先生获得了诺贝尔文学奖的最高成就。

当年先生希望把京都最传统的一面都写进小说里，和其他的艺术家们一起为兴复日本文化而努力。这些艺术家的执着终于让今天的日本作为东方文化的代表给世界带来不一样的影响。我一次次地造访京都，内心里却真实地期待中国文化有一天也像日本这样优雅地回归。

第四次到柊家，我

柊家新馆

每年京都红叶最佳季节都不同，一般在12月初的一周

们住在新馆，房间更加舒适暖和，有可以看夕阳和听雨的平台，浴室也加大了很多，两面都有很大的玻璃。入住的时候，浴盆里已经放满了水，用香柏木的木条盖着，满室清香。沐浴时，香柏木更散发出阵阵幽香，窗外白山茶如同出水少女般冷艳和娇嫩。

身上泡得暖暖的之后，我们就去锦市场采购一季的食材。有几家是必定要光顾的：打田渍物的红色酱瓜，西利的应季酱瓜，味的颜见世的竹笋、山椒、松茸米饭，上市老铺的松茸豆皮，汤波吉的炸豆皮，中央米穀的新潟县新米。

我们还会赶在关门前去趟有次，看看是否可以买一口锅或者一把特殊耐用的刀剪。这次我们买了手工打造的小火锅，为的是以后独自在家也可以享用火锅美味。还有一把做花道的剪刀，请师傅刻上了"岚"字。还是上次接待的师傅，还是上次刻字的老人，我们把以前的照片给他们看，他们都开心地鞠躬致谢，还特地把我们的小锅用包袱皮包得美美的，并送了印着有次名字的好看手巾，然后一直送我们到门口。

日式传统旅店一般都是"一泊二食"，并且还有专门的玩法：一般是下午3点Check In，喝茶休息；3点半泡温泉，之后去spa或者附近逛逛。晚7点吃饭，11点睡觉。

因此，看一个旅店好不好，不光要考量房间、浴室、插花、香味，还有很重要的，就是餐食选料是否足够精致，是否能够顺应季节科学地搭配。

秋季柊家的怀石料理，少不了以银杏、芋头、山药、红薯以及鸭肉作

有次刻字的师傅

岚山红叶

为原料。正吃饭,忽然有人在门外打招呼,原来是这里的女将专门来看我们。并且说她前天刚刚去过泉涌寺,红叶正好。因为我们是老客,女将专门为我们安排了新馆洗澡间最大的这个。新馆到现在已经开了7年,崭新的木材开始慢慢呈现出美丽的熟成光泽。

京都的美,要用脚步去丈量。这里一庙宇,那里一山门,忽然就在现代楼宇里,邂逅一份古代的情怀。"清晨入古寺,初日照高林。曲径通幽处,禅房花木深"的意境,在京都随处可得。早晨,按着女将的建议,我们到泉涌寺参拜,这里是历代天皇的陵墓所在地,因此现任天皇也少不了经常来此祭祖。院内采用菊花纹样装饰,也处处供养着千姿百态的菊花。皇家园林的红叶如云似霞般美丽。

在这里我们第一次请了洛阳三十三观音的集印帐(集印章是收集各个寺庙

印章的本子，大部分集印章都是空白的，而"洛阳三十三观音的集印帐"是专门印着京都三十三座著名观音寺庙名字的一种），祈愿未来几年能将京都三十三间观音寺庙都参拜一遍。

泉涌寺里的杨贵妃观音寺是我们集印的第一座观音寺，有全日本最美的观音像，也是女性祈求美丽御守护的地方，据说日本人认为杨贵妃当年并没有死，而是东渡扶桑。后来山口百惠来华访问，还自称是杨贵妃的后代。

泉涌寺旁边是善能寺，要走过布满青苔的踏石参拜，在日本全国国立假日期间，也鲜有人至，静谧幽美。它是洛阳三十三观音的第十八番。

我们被善能寺对面来迎院的山门所吸引，进得门内，高台上的两棵枫树很美，有两个橘色鸟居。

今熊野观音寺是非常有名的观音道场，人也不多，最灵验的是治疗头疼增

善能寺

加智慧的枕巾。这里是洛阳三十三观音的第十九番。

然后是微小的法音院、洛阳三十三观音的第二十五番，盖御朱印需要按铃。

我们又去了全京都红叶最有名的东福寺，今年赶上了通天桥红叶全盛期，真的人山人海，几乎要发生踩踏事件了。但是能够在桥上短暂地伫立，看到遮天蔽日红云一般的秋叶，也算是一饱眼福。

东福寺旁边的法性寺，当年是很有规模的一座大寺，几经毁坏消失，后来经过后代家族人的努力申请才得以恢复名字，但只得到很小一块院落。我们按铃的时候，几乎以为是哪个人的家，进去了，看到拉门内正中摆的竟然是一只机器猫玩偶，差点没有找到观音像在哪里。但是最终我们还是得到了第21番的朱印。

京都的小店，逛起来也是别有趣味。我们在公长斋小菅的总店里选购竹制的花瓶。竹器的美和光泽，若达到极致，是任何其他材质都无法比拟的美。当年的夏洛特·佩里安到日本生活之后，恐怕就是受此影响，才设计出了旷世绝伦的竹质 Tokyo Chair。

BB 去年的竹质钱包，也是越用越亮，因此我也买了相应的竹质钱包和提包。这里任何一件作品上都没有商标，但是你却能从超凡脱俗的工艺中感受到它与众不同的气质。"这才是真正的无印良品。"BB 说。

在 Loft 选到自己的第一个 Hobonichi 手帐，就送给自己。于是我恨不得像小时候那样，没到新年，就开始在新本子上写画。记日记的习惯一直延续到现在，偶尔翻起从前的日记，还会跟着当年的自己会心地笑起来，好像看到的既是自己，也是另外一个生气勃勃的人。

晚上，还是到益市吃和牛烤肉，还是去年、前年接待我们的人，美味品尝里带上了回家的亲切感。

离开京都的那天，女将和她 90 岁的老母亲都站在门口，还送给我们一个精心包装了柊家叶子的小礼物——两个描有金色柊叶的漆盘。就好像每年冬至回老家，所有家人都会送出来，看着我们的车倒出院子离开一样，她们也站在雨中挥手鞠躬，直到看着我们的车子拐过街角。

我对BB说："柊家还是比虹夕诺雅感觉温暖啊！"BB道："一个是家庭旅馆，一个是酒店集团，再贴身的管家也不如自己是owner的情真意切。"

这就是"来者如归"的真意吧！它体现在每个传统旅店和老铺中，更体现在每个愿意为长久亲切的人与人之间关系付出努力的人心中。

2014年11月

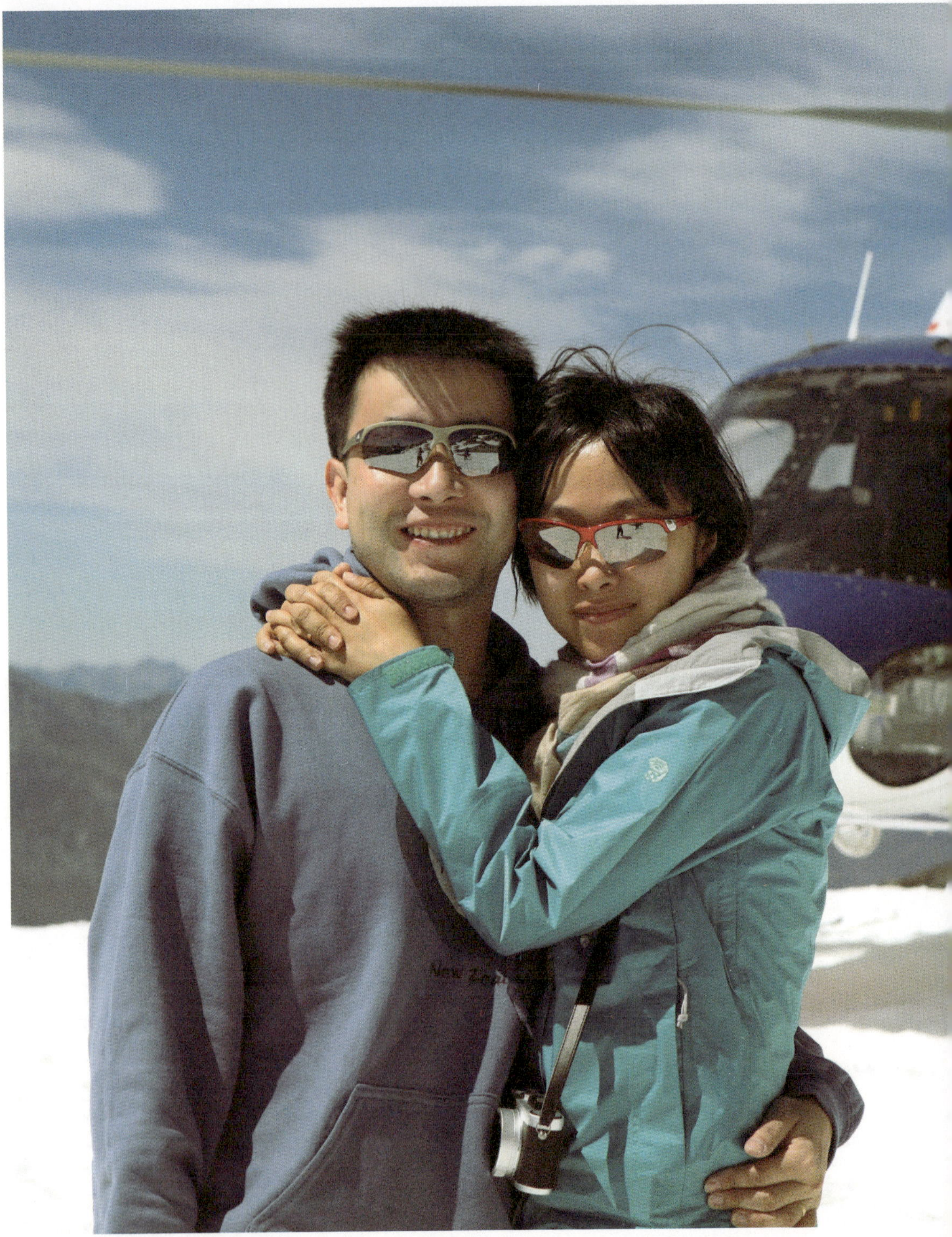

冬 天

Winter

太平洋上的黑珍珠——大溪地

You Belonged to Me——埃及

走进自然——澳大利亚的生态之旅

纯净新西兰的各种光彩

孕育弗拉明戈、高迪和毕加索的热烈大地——西班牙

热情洋溢的桑巴国度——巴西

厄瓜多尔——爱得深入骨髓

秘鲁——太阳的国度

台北慢旅行

太平洋上的黑珍珠——大溪地

我和 BB 以前曾经讨论过为什么马尔代夫没有列入美国《国家地理》的"人生五十个必游之地"中，而大溪地却列入。亲历后我才知道，大溪地除了拥有和马尔代夫一样全世界最美丽澄净的海水外，还有独特的当地土著文化和波利尼西亚法国艺术（高更的画作便是其中的代表），当然，还有独一无二的特产——大溪地黑珍珠和香草。可能就因为这些，这里才如此与众不同、闪闪发光。

Noa Noa 的 Taha'a

我们躺在院子的长椅上看星星，对着流星大声许愿，肖邦的《夜曲》流出动人的音符，远处传来阵阵香草的甜香。

老刘和麻小划着小船在海里看银河，一只巨大的鳐鱼从船边游过。黑夜里，他们的船美极了，散发着银白色的光辉——虽然那船本来是蓝色的，一切都好像《少年派的奇幻漂流》电影中的场景。

不远处的无人小岛不知为何发出通天的银光，白天很快就过去了，到了晚

地的环礁湖

上，它就成了神仙居住的地方。

Le Taha'a 是大溪地酒店中最世外桃源的一个，独自坐落在 Taha'a 的环礁湖 (Motu) 上，很多当地的旅行机构组织游人到环礁湖参观，并把这里誉为"大溪地最令人难以忘怀的美景"。所以我们住在这里，每天需要决定的就是去干点什么有意思的事，还是什么都不干。

此外，Le Taha'a 岛是法属波利尼西亚最大的香草豆产地，它占据全世界香草总产量 75% 的份额。Noa Noa 在波利尼西亚语中是"香"的意思，高更写的关于大溪地和本地女人的书，名字就是如是。我想，再没有比这个岛更加自然的 Noa Noa 了。

大溪地珊瑚群鱼的种类比不上红海，但如果你想不时遇见与鲨鱼和鳐鱼擦肩而过的惊喜，并且不受任何打扰，那么这里就是最适合的地方。

第一天早晨，我独自醒来，看到孔雀绿色的海水，远处是孔雀蓝和深蓝，就跳进这果冻一样的海水，水才漫到腰，沙子细腻。BB 跟着跑出来，告诉我旁边有个黑东西，我游过去，原来是一条鳐鱼。没想到它一点不怕我，看我游得慢，它还停下来等我，有一次甚至还回头来找我，小圆眼睛滴溜溜地直转。后来几天，它不时出现，我们看见了就跳下水和它玩一会儿。

还有两只长得像大棒槌气鼓鱼似的鱼也喜欢我们，老刘说它们叫香豚。大香豚周围会有很小的黄鱼跟着，不知是不是寻求庇护。有一天浮潜，BB 哗啦哗啦地游过来，旁边跟着一条极小极小的黄鱼，他笑着说："你看，我也有一条侍卫鱼！"

在这样闲适的旅途中要想光荣负伤，得需要多大的本事——除了我不知道还有没有别人。一次和 BB、麻小去 Reef Garden，走到海入口，我开始顺着洋流往回漂，没想到珊瑚太密太浅，洋流太急，我在张牙舞爪中被冲了回来，伤痕累累，尤其被当地人在伤口上浇上柠檬汁治疗，简直要疼晕过去了。

傍晚，我和 BB 划船到无人岛去。BB 上岸去捡椰子，水里到处都是海参，

Le Taha'a 岛

我捡起一个,被喷了一脸水,扔掉换一个,没想到这回的黑东西竟然把内脏吐出来了,白乎乎的很恶心。我把它放回水中,它又慢慢把内脏吸了回去。

另一个无人岛附近都是珊瑚礁,退潮时分,露出珊瑚中镶嵌着的紫色、蓝色和绿色贝壳,海参和海胆遍地都是。我们在水中漫步,几只小鲨鱼从身旁飞一样地掠过。银色的飞鱼群跃过水面,好像打水漂时跳跃的石子。

怎知祥和中也危机四伏,几只瘦削的海鸥在空中盘旋了一阵,忽然一只笔直地冲入海中,出水时口中已经含着一条银光闪闪的鱼。然后,它心满意足地飞到海中一块凸起的礁石上。这样的情景重复了几次,很多时候海鸥们也是无功而返,就好像动物世界一般。

晚上,大家一起给BB过生日,因为过了日期变更线,BB前一天在新西兰过了一次生日,到大溪地又过了一次。

记得我们来 Taha'a 那天的船上，正是黄昏，很美的晚霞，还有不可思议、千奇百变的低云。朋友说："可能人死了以后就会到这样的地方来，因为这里是触及灵魂的地方。"

热闹的 Bora Bora

Irwin 站在码头上，看着我们的船渐行渐远。我们的手拼命地摇着，他也一样地摇着手，灿烂如花。老刘说："做服务能做到这个程度，真是最大的满足和成功。"

Irwin 刚刚毕业一年，是四季酒店的管理培训生，现在在 Bora Bora 四季酒店轮岗。他从机场接我们开始，一直在照顾我们和我们的朋友。Irwin 有良好的教养和见识，以及年轻人少有的成熟稳重，所有他推荐的活动和菜品也都是他亲自体验过的。短短几天，我们已把他看做非常值得信赖的朋友。

都说 Bora Bora 有大溪地最美丽的海，因为这里的海有七种蓝色。这里也有大溪地最热闹丰富的活动，加上酒店无微不至的服务，一切都堪称完美。

四天时间，舅舅说他就喜欢在酒店里，面对着澄澈的海水什么也不想，什么也不干。只要在这样的地方，脑子里就会一片空白。这对于生活在纷繁都市中的人，是种多么可遇不可求的状态。

麻小、舅妈、白兔、老刘更喜欢到外面活动半天再回来休息。有个专为四季酒店客人组织的看鲨鱼和鳐鱼的活动颇受他们的好评——在当地幽默老船长的带领下，和鳐鱼接吻，与鲨鱼和鳐鱼一起游泳，那是绝对不同寻常的体验。

我和 BB 则选择在酒店里：浮潜、划船、看海、Spa、瑜伽、逛精品店，基本上这里能满足我们想做的所有。一天既悠闲又充实，而且颇为独享：很晚起来，面对 Lagoon（泻湖）享用美味早餐，然后两个人划着小船到无人小岛去。

Bora Bora

傍晚，浮潜

Bora Bora 四季酒店傍晚

  我们把脚伸到清凉的水中，一条黑色白点的 Eagle Ray 忽然游到我们脚旁边，然后又像大鸟一样忽闪着翅膀游走，真是一种不期而遇的惊喜！

  下午，我们把落地窗打开，躺在巨大的浴缸里，面对大海享用水果盛宴。然后到临海的 Spa 做一次波利尼西亚式的香草精油按摩。或是躺在大海边，看一本平时总是没有时间看完的书。一切都自然而简单！

  夕阳下，我们到珊瑚花园泻湖浮潜，每天都会遇到从外海来的不同种类的鱼群，我最喜欢银色条纹大扁片儿鱼的鱼群。

  还有一次，在珊瑚附近，一群红色、黄色、绿色的鱼群突然而至，还有很多种独角兽鱼，甚至要撞到我的水镜。后来我才了解到，各种各样的独角兽鱼都是有毒的，不能触碰，多亏当时不知道，要不该吓坏了。

  当然这样的时候，还可以在 Sunset 酒吧里要一杯鸡尾酒，静静欣赏夕阳西下的美丽。或者躺在天地间，与瑜伽老师一起做功课。老师说："瑜伽会启迪我们的心灵，让我们展开想象的翅膀。不过在这里，我们不需要想象，因为这里是 Bora Bora——最美的天堂。我们可以在享有外在美的时候，通过瑜伽，发现自己内在的美。"

和朋友一起逛精品店，我们选了一条镶嵌猫头鹰的黑绿色珍珠，光彩熠熠，它让我想到大溪地海水的颜色。

过了几天，又是小妮生日，连开 Buggy 的小伙子都弹着吉他为她唱歌，我们每个人都为这个可爱的小公主送上祝福。所有人都羡慕我们这个大家庭的氛围。

唱起生日歌的时候，我又想起白兔礼物上的那句话："Friends are family members we choose（朋友是我们自己选择的家人）。"那时我想，天堂一定是有朋友的地方。

2014 年 1 月

You Belonged to Me——埃及

前 传

某日，坐在江边，忽然听到这首好听的歌——"You Belonged to Me"。第一句是"See the Pyramids along the Nile"。这就是我们旅行的开始，去一个古老神秘的地方。

来到开罗

北京到开罗 11 小时，A&K 的 Ahmed 在下飞机的入口处接我们，我问："你是那个帮我们订酒店的艾哈迈德吗？"他笑："埃及男人如果名字不是艾哈迈德，那么他一定叫穆罕默德。"

驶过无比脏乱的街道，穿着长袍的埃及人开始了一天的生活，卖早餐的小店开了门，街上到处是中国车，仿造成 Mini Cooper 的样子。所有人听说我们来自中国，都会兴奋地谈起"Made in China"，然后掏出品牌为 Huawei 而实际是

Nokia 的手机给我们展示。

一小时之后，充满中东风情的金字塔旁酒店——Mena House 就到了。Mena House 是 1869 年埃及总督的一座狩猎行宫，改建为酒店后接待了无数包括丘吉尔在内的世界名流。因眼下埃及内乱的原因，酒店人很少，我们也因此获得了特别优惠的价格。

尽管在照片上看了无数次，Mena House 的 436 房间还是给了我们超出期望的惊喜。霞光洒在金字塔和沙漠椰林上，给苍凉的金字塔带上了几许慵懒。的确，这个地方已经承载了太多的沧桑，就在这里，我们应该换一个角度去欣赏她。

出了酒店就离开了世外桃源，我们充分见识了埃及司机"插树枝"的本事，司机大叔总是拖我们去一些没有人光顾的餐厅。经过一家本地的小吃店，热情的司机大叔邀请我们去尝尝埃及食品。

在 Mena House 看到的金字塔

于是，我们吃了埃及传统的食物：难以下咽的米、面和豆子煮在一起的怪异食物，配上没有味道的番茄酱。大叔一个劲儿地用自己的勺子给我们盛，还用手把西红柿拨到他的勺子里。我们在来埃及第一天的第一顿饭就打破了 Lonely Planet 的所有健康忠告，在本地的小脏店吃了饭和没有煮熟的蔬菜，并且喝了本地的水。

埃及博物馆是绝大多数叶公好龙者心中的向往之地，按照 Lonely Planet 的说法，这里进门就有三个大长队要排。不过，也是由于革命的原因，现在埃及博物馆门可罗雀。解放广场比想象得小很多，零星有几个抗议者的帐篷搭在广场上。博物馆就在解放广场旁边，临着烧黑的政府大楼。革命后，埃及人获得了更多的自由以及更少的财富。而革命后一如既往的，是博物馆门卫的贪婪，他们把我们的相机搜出来，然后说"qing niang you"，看来只有给了清凉油才不用存相机。

博物馆里有很多几千年前的珍品，不过我们很快就审美疲劳了，除了木乃伊就是棺材，后背阴森森地冷，觉得沾染了阴气，我们决定还是看看镇店之宝——图坦卡蒙黄金面罩之后开溜。

图坦卡蒙精美的黄金面罩在博物馆二楼最里侧铁栏杆包围的专门展室里，据说以前由于人多，要排很长的队，很难走近观赏。而现在，面罩是属于我们的，在灯光下发出神秘而高贵的光泽。这个在位时间很短且毫无作为的法老，终于在死后由于他的墓葬而"一颗永流传"了。

从阴森恐怖的博物馆出来，我们在阳光下喝了杯热巧克力，才感觉有了人气。司机大叔还没来，于是我们到尼罗河畔漫步，不时有小贩死缠烂打地兜售：一张明信片、一把临河的椅子或者一张游览尼罗河的船票。

终于，大叔把我们拉到山顶一个荒芜的咖啡店，点了传统的埃及咖啡。粉冬瓜先喝了一口，露出奇怪的表情，沉默不语。BB 也跟着喝了一口，有点想哭的样子。粉冬瓜忽然爆笑起来，我和小辉互相看了一下，端起杯子，然后也加入了爆笑的行列。这么难喝却这么著名的埃及咖啡！像品味红酒一样细细赏鉴，感受到泥土、甘草、牛黄解毒丸的味道，剩下的残渣好像工地的沥青。

清冷的天气，远处的大清真寺，这是开罗最安静的地方。进了城，就有太多的繁杂，比北京更堵的车道。埃及平民住在为了躲避完工税而永远不建完的建筑里，挂着大布当窗户，外面飘飞着晾洗的长袍。赶着驴车的大爷把水果摆得整整齐齐，肉店门口挂着整扇整扇的肉。于是，在山顶的静谧中，回味这个很生活、很混乱也很热闹的开罗，真实而又有点遥远。

傍晚，我们到汉·哈利里市场，一下子就被花花绿绿的商品和叫卖的小贩搞晕了。在一间有旧木椅子的小咖啡店前，我们觉得应该再去鉴定一下山顶的埃及咖啡是不是赝品。于是，在室外坐定，我们又额外地点上了一支有苹果味道的水烟。

咖啡呢，不得不说那个地方尽管杳无人烟，但出售的并不是刚从尼罗河里挖出的淤泥。

水烟倒是香香的，不过不怎么抽得上来，只好让会抽烟的小辉去吸，我们蹭到二手烟，也是苹果的香味。

不时有喊着 One Dollar 的小贩，拿着各种不能入眼的烂玩意儿来展示，然后用中文、日本和韩文向我们说"你好"。狭窄巷子里，头上顶着大面饼的小贩走过去，几个大饼滚落到椅子下面，有人帮他捡起来，他扔回头上的大筐接着走。

钻进一家长袍店，小辉买了条头巾裹在头上，粉冬瓜看着说："阿拉法特！"BB 笑道："中国人就知道个阿拉法特，戴头巾的统称阿拉法特。"

走近金字塔

在埃及学家 Nasir 的陪伴下，我们终于走近了金字塔。

金字塔

　　Nasir 是埃及学博士，他自己常常到金字塔下和石头对话，寻求破解神秘符号的启示和讯息。他说："很多人在金字塔前照相，表示自己来过，却往往忽略了脚下奇迹般的石头——每块石头大小不一，却又紧紧相连。"

　　每天 150 人可以进入胡夫金字塔内部，我们有 Nasir 的安排，不用提前预约。塔内路很窄，要猫着腰往上走，仍然可见切割得严丝合缝的石头，不一会儿，我的腿就有点转筋了。当我们进入墓室，妹陀开始靠着墙汲取精华。按照最新报道，胡夫金字塔也的确有神奇效果，放到塔内的水用来浇花，植物就会异常茂盛，用来洗脸，人就会变得年轻。

　　而骑骆驼则是件很恐怖的事情，从高大骆驼站起的瞬间，我就开始大叫，哭着要下去，BB 只好坐到了我的骆驼上。尽管如此，在沙漠之舟上欣赏三个苍凉而雄伟金字塔的感觉还是好极了。

　　狮身人面像带给我们的震撼就小多了。曾被人类视为主宰万物的狮身人面像，其香火之旺在很长一段时间里超过了君王的神庙。在被敲掉鼻子之后，老百姓认为这样一个连自己都无法保护的家伙更无法佑护自己，于是它才逐渐丧失了不可一世的地位。更可笑的是，敲鼻子的正是埃及人自己，他们觉得普通大众对狮身人面像的崇拜超过了真神，于是就自己消灭了建立的偶像。

其实宗教也就是如此吧！我们常常焚香膜拜，企图得到自己面前偶像的庇佑，而实际上我们是在聆听自己的内心，进行与上天的交融。

尼罗河畔最温柔的神庙

埃及航空是我见过最差劲的航空公司，它可以在不提前通知的情况下随意取消航班，也可以随时告诉你没有经济舱票，必须买公务舱——实际上公务舱和经济舱除了价格之外其他都是一样的，通过一个移动帘子决定公务舱的排数。A&K建议我们预订每天最早的航班，这样如果我们的航班被取消了，还可以乘当天的下一班。最终我们的航班幸运地没有被取消，但是BB被一个帘子隔到了经济舱，没能和我们乘坐同一辆破旧公共汽车前往登机位。

一个小时之后，我们在阿斯旺登上了Nile Adventure——尼罗河上的豪华游船。

船有四层，最上面一层是带白色帆布顶Sun Bed的游泳池，第三层是酒吧和休闲区，第二层是餐厅。尼罗河水比我们想象中清澈许多，晚上船停在岸边，在甲板上看星星，周围弥漫着清凌凌水的味道。难怪日本香道中有一款叫水，闻起来有月亮的感觉。

第二天下午，一位埃及学家先带我们去参观未完工的方尖碑遗址，另外还有三位美国女人与我们同行（我觉得把导游叫做埃及学家显得档次很高，就像我们，不叫工程师，而叫顾问）。很多老外的旅行和生活很有意思，他们会因为喜欢一个地方，就扎到那里去学习语言、研究文化，三个女人中的一个就是如此，能够说流利的埃及话。

以前，埃及每个神庙前都放着一对方尖碑，用黄金覆盖顶部，能够反射阳光，这样，人们无论在哪里都能找到神庙的位置。如今埃及境内还剩9个，包括未完工的这个，剩下的一些散落在国外，华盛顿还有一个伪造的。我第一次见到方尖碑就是在巴黎——是埃及国王送给法国国王的，后来埃及国王还得到了一块破旧的无法走时的钟表作为回礼。我们经常看到埃及古迹受到破坏，可能那些流失海外的反而是幸运。

从方尖碑出来，我们在渡口遇到一位独行的中国女子，正在和船夫讨价还价。我们邀请她同行，因为船夫多要 10 块钱，还是被她拒绝了。船上，粉冬瓜一个劲儿地说："其实我们帮她出了就行了，一个人不容易。"

Philae 神庙四周环水，供奉着一位司养生育和繁衍的神秘女神——艾布斯。这座神庙也是我的最爱，她几度被尼罗河水淹没，又给抢救回来了，后来原址搬迁到现在的小岛。埃及学家给我们讲了这样的故事：Osiris 是大地之神的第一个儿子，被他的兄弟 Sete 骗进棺材陷害了，分尸 14 块，扔到埃及各个角落。伤

Philae 神庙

心的妻子 Isis 到处寻找，只找到 13 块，剩下的生殖器部分被鱼吃了，到现在埃及人的祭品中还没有鱼。由于少了身体的一部分，Osiris 只复活了一个晚上，并让 Isis 怀孕。后来 Isis 生下一个儿子 Horus（荷鲁斯）为 Osiris 报了仇。现在土耳其、希腊等地盛行的荷鲁斯之眼，就是这个 Horus 的蓝眼睛。Osiris 身体的第十三块就是在 Philae 岛被发现的，这个地方就成了祭祀他的妻子 Isis 的神庙。Isis 也代表了忠贞不渝的爱情，因此这个地方总有些柔柔的色彩。

夕阳下，只有我们几个徜徉其中，触摸千年历史。妹陀专门带了塔罗牌来汲取天地灵性，与神灵最贴近地对话。这让我想起了吴哥，也是黄昏时节，我坐在图书馆的地上远远地欣赏吴哥窟夕阳下的倩影。只有这样的时候我才会觉得，探访的不是一个景点，而是一段历史、一件杰作、一段遥远时代的神与人的故事。

尼罗河上的舞会

早上被粉冬瓜的敲门声吵醒，我才发现船已经不知不觉开了。沿途是尼罗河狭窄的椰枣林、红柳带和其后连绵的金色沙丘，我想起的是那首"You belong to me——see the Pyramids along the Nile……"

中午，我们在 Kom Ombo 神庙靠了岸。

Kom Ombo 是埃及唯一同时供奉着鳄鱼神和鹰头神（Horus）的神庙。古时候尼罗河两岸有很多鳄鱼，经常

Kom Ombo 神庙的守庙人

左起：粉冬瓜、猫头、妹佗、BB

伤人，因此人们就修建了这座神庙来供奉鳄鱼。可是由于它们太不招人"待见"了，香火很不旺，于是人们又选择了广受欢迎的 Horus，在它的形象基础上创造出一个新神，起名叫 EI Horus（年长荷鲁斯），供奉在庙里。可见，恶势力即使权力再大，也无法赢得人心，现在的埃及政府也是如此。

Kom Ombo 有埃及保存最完好的壁画，我们可以零距离地接近它，伸手可及，却不忍触碰。

我们回到船上享用 BBQ 午餐，等船再次靠岸已近黄昏，乘上马车，来到埃及保存得最完好的 Edfu 神庙。不得不说 Horus 在埃及的人缘太好了，Edfu 供奉的也是这个家伙。墙壁上刻了 Horus 用绳子绑着一匹河马，河马象征 Horus 那个害死他父亲、充满邪恶的叔叔。这象征着邪恶永远不可能被铲除，只能够被控制。

猫头画作：五个朋友在埃及

晚上最大的亮点当然是化装舞会——阿拉伯长袍之夜。妹陀早回屋打扮去了，不仅把自己弄得极其光彩照人，而且还找出一条头巾给粉冬瓜戴上，黑胖子马上变成了一个阿拉伯苗族人。他和 BB 穿着太阳神的大袍，一进 Cocktail 就受到了追捧。

这时来了个船员问："你们的衣服好看，哪里买的？"BB 说："船上啊！"船员笑着说："哦，我也是第一次看到他们进这样的货，这不是传统的埃及服装，有点东方的意思。"我这才恍然大悟，怪不得老看着粉冬瓜像苗族人。

丰盛的埃及菜晚宴之后，舞会开始了。80 多岁的老人也和我们一起跳舞，欢乐极了。

尼罗河上的审美疲劳

看到 Karnak 神庙群，我忽然感觉审美疲劳了。Karnak 是埃及规模最大的神庙群，供奉着太阳神阿蒙。在这里，我们被各种掌管太阳的神和他们的系列搞得很晕。在这些神中，竟然还有屎壳郎神——因为它们老是推着一个粪球，就好像托着太阳，埃及人就把它们供奉为主管太阳升起的神。不过不管怎样，精美的方尖碑和彩色壁画还是令人赞叹的。

粉冬瓜显然是对埃及神的数量之多留下了深刻印象，妹陀让他向 BB 学习，过个沟沟坎坎都要对老婆表现出极大的关爱。粉冬瓜说："BB 是 God of Love

么？他不是！人怎么可能做得这么完美呢？结论是他在装……我就从来不装。"

下午我们坐着小船去国王谷、Al-Deir Al-Bahari 神庙以及王后谷。国王谷和王后谷是新王朝时期国王的王后和王子们的陵墓，其中的彩色壁画精美绝伦，但不能拍照。特别是拉姆西斯四世陵墓中蓝色天空之神壁画，很震撼！以前神庙的壁画也是彩色的，因为岁月久远、风吹日晒基本上都无法保存。好在这份美丽还是保留在了深藏地下的陵墓中，让人们有一饱眼福的机会。

赶上中国的除夕之夜，主厨特别为我们做了中国餐。这也是我们在游船上的最后一晚，船长向大家赠送了金字塔形的冰激凌。在肚皮舞娘和旋转舞修士的陪伴下，我们分享着国内的祝福短信，希望精彩的新年开始带给我们精彩的一整年。

红 海

我们坐在了红海边，这里有湛蓝的天、湛蓝的海、荒漠中开满鲜花的四季酒店。从到这里的这一天开始，我们的频道就从苍凉历史切换到休闲胜地，一切的享乐都恢复到世界最高水准。粉冬瓜经常出现"笑喷了"的状况，我们只好在房间地上铺一块毛巾。

在酒店礼宾部那个长得像芭比娃娃的女孩推荐下，我们参加了一个极其不靠谱的活动——开着四轮摩托在荒漠里疯跑，这个四轮摩托的英文名字也不靠谱，叫 Quad，北京土话，跨斗儿。沙漠和想象中完全不同，不是柔细的沙丘，而是类似工地一样的沙土路。我们被颠得七荤八素，满身满脸加眼睫毛上都是沙子，尽管还戴着头盔以及 40 元一条的脏头巾。坐了一半，我很想让 BB 把车停下，不过停是没法停的，车一辆一辆必须跟得很紧，否则一定会迷失方向。我想把头搭在 BB 肩上轻松一点儿，差点把牙齿颠掉了。

等到了地方，妹陀从车上下来，开始念她的新作——撒哈拉打油诗："撒哈拉撒哈拉，到处都是泥和沙……"头几句好像是这样的。就像伟大的作家总能在极度痛苦时著出传世之作一样，恶劣环境显然也激发了妹陀的创作灵感。

面对荒漠电线塔看完落日往回走，我看到还有很多老头老太太骑着摩托裹着头巾基地组织似的进驻沙漠——原来上当的人这么多！

回去之后，我告诉礼宾经理不喜欢这个活动，他真诚地说："我们希望我们推荐的活动都是客人真的喜欢的，如果您不喜欢，那我们就承担责任。"然后为我们全体退回了一半的费用。

晚上，当他又开车送我们到酒店门口打车出去吃饭时，妹陀说："这个人真好，很让人舒服。"舒服，是四季酒店每个角落和每个人给人的感觉吧！

坐上了豪华小游艇，还有世界上最有趣的浮潜

枕着大海，盖着白云，把手高高举起就能摸到蓝天。耳畔是 Sailing 的音乐，身边一杯香茶或是一听清凉的饮料。今天，豪华小游艇 Virginia 是完全属于我们的，深邃蓝色的大海是属于我们的，Tiran Island——沙特出租给埃及的无人小岛，也是专属我们这五个人的。

六个帅气的船员为我们服务，有开船的、做饭的、调音乐的、送饮料的、打扫卫生的，还有一个专业的浮潜 Guide。船有上下两层，每层都有吧台和铺着毛巾晒太阳的舒适的 Deck。我们兴奋地跑上跑下，挤着躺，妹陀在船头照相，说："这是我从小到大最棒的旅行！"

在没有人打扰的小岛旁边，风平浪静中浮潜感觉也是棒极了，还有一艘小快艇跟着我们保护安全。前一天在酒店旁边的浮潜已经有很大的震撼，今天真有点叹为观止的意思。马尔代夫、大堡礁都无法与这里媲美。

红海

　　粉色、紫色、白色的珊瑚在水底招摇，那么多的鱼，只有在画册上见到过它们，只有用 120 色的彩笔才能描绘它们的色彩。要是在从前，其中任何一条都能成为一天浮潜中最大的亮点。我们加入了世界美鱼大会！

　　不会叮人的水母在水中像蒲公英一样飘，一碰就烟花一样散开，然后又合拢。蓝色、黄色、绿色、红色、条纹、斑点的鱼，宛若色彩斑斓的花朵。一群群透明蓝色的鱼游过身旁，又一群群黄色的鱼迎面而来，终于我们有和鱼儿一起游泳的感觉。小辉看到一只大海鳗，说："到了龙宫咧！"

　　上了岸，居然还有热水洗澡，我和妹陀都超出期望地满足。厨师长做好了美味的午餐，酒足饭饱后，我们躺在甲板上晒太阳。

　　出海归来，我们专门向 Diving Center 的 Luke 道谢，他挤挤眼睛说："你们明天还可以做 Virginia 出海，还是没有其他人预订。"我们太喜欢这艘船了，就毫不犹豫地又预订了第二天的行程。

给 BB 在红海 Virginia 号上过生日

这个生日真难忘

这天是 BB 的生日，早晨醒来一开房门，就收到了小辉挂在门上的礼物——生命之钥和可爱的小卡片。妹陀的礼物是木头小鱼，现在摆在家里客卧的床头呢！

我们到 Lagoong 浮潜，还有几艘其他的船也在这里。鱼没有前一天的大，但是有好多好多。小小的 Nemo 在珊瑚中游戏，我看到尾巴上戴蝴蝶结的鱼，以及比我还胖还大的大胖鱼。我还看到海鳗了，没在珊瑚里，自己游来游去。有几个人背着氧气瓶跳到水中，他们也成了浮潜的风景。

我们在水中围了个小圈子，把 BB 围在中间唱起了生日歌。水中的向导远远地喊："Happy Birthday！"粉冬瓜说："这是我的主意哦！"

上了船，我假装打发 BB 去拿东西，船员们就准备好蛋糕放在二楼露天的餐桌上。等 BB 一踏上台阶，整条船就响起了欢快恰恰恰的 Happy Birthday，好像大明星出场。我和妹陀在碧蓝的大海上跳起舞来，恍然觉得这是电影里才有的场景。那一瞬间，简直想做一个快乐的船员，每天在碧海蓝天下唱歌。

在尼罗河游船上的化装舞会

BB 说："这个生日真难忘！"

后 记

回到开罗，我们逛了当地最好的烂商店 City Star，受到出租车司机的强行加价，过安检时又遭到门卫的敲诈，这一切让我们在临走前的最后一天看到一个非常真实的埃及：混乱、充满欺骗。现在的埃及人已经完全丧失了建造过金字塔的伟大祖先的智慧——从遗传基因角度讲，我更相信金字塔和外星人有关。

在机场我们又遇到了同一个中国独行美女。朋友说，很多时候，因为独行，冒险的乐趣就变成危险的恐惧，上当的笑点就变成被骗的悲哀，别人愈热闹，自己就愈旁观。因此，在路上，珍惜自己身边的旅伴，不论他能陪你多长或多短。因为有了欣赏、分享和分担，自己才有了踏实的心，并去发现和欣赏生命的美丽。感恩 You Belonged to Me！

2012 年 1 月

走进自然——澳大利亚的生态之旅

脚蹼、潜水镜、照相机、三脚架、毛绒玩具林熊熊和大扁嘴、*Lonely Planet Watching Wild Life Australia*……清点行囊……当飞机在澳大利亚广袤的大地上降落，我的心也变得开阔起来。

大洋之路：野生考拉

从墨尔本出发，沿维多利亚州蔓延 250 公里的海岸线就是澳大利亚最著名的大洋之路，一边是垂直切入海洋的悬崖峭壁、绵延的沙滩和波涛汹涌的大海，另一边是 Otway 国家公园朝天疯狂生长的雨林。我们不时能够看到桉树上趴着的野生考拉，有的就在路边很低矮的树枝上，摆出一副爱搭不理的样子，懒懒地不肯动弹。

一路上开开停停，待我们到了 Port Campbell 的十二门徒岩时已近傍晚，我下了车刚要欢叫两下，没张嘴，就有好几百只苍蝇铺天盖地地落在我身上、头上，我无助地放眼望去，看到所有的人都在手舞足蹈地驱赶着苍蝇。以前我读

大洋之路的十二门徒岩

到过一本书，说澳大利亚人之所以讲英语不张嘴，发音奇特，就是因为这里的苍蝇太多了，这下算是有了切身体会。这时走过来一个日本游客，兴高采烈地请我们帮忙拍下他背后的苍蝇。一个路过的本地人自己做了个网兜套在头上，抵挡苍蝇的侵袭。

及至看到十二门徒岩，那因为受到波澜壮阔大海的侵蚀而形成的十二块伫立于海中的独特岩石，苍蝇的骚扰一下抛到脑后：岩石在夕阳的映照下在海上投下美丽的剪影，刚刚雨过天晴，一架双拱彩虹滑过天际，若隐若现的薄雾给岩石笼罩上了更加神秘的面纱，雄壮与柔情完美地结合，并在空气中无限蔓延。

Port Campbell 附近的海边还散落着很多类似地貌特征的岩石，形态各异，被人们冠以不同的名字。我最喜欢的是伦敦桥，这座岩石以前有两个拱，如今受

雨后，十二门徒岩的小女孩

到海水的侵蚀有一个拱已经断了，这反而更激发了人们对过去岁月的遐想。也许不久的将来，伦敦桥整座都将不复存在，或者有一天，连整片的大陆都将没入大海……

菲利浦岛：野生海豹、野生企鹅

菲利浦岛距墨尔本两小时车程，几乎是澳大利亚的最南端，海的那一边就是南极。

明媚阳光的下午，我和BB从菲利浦岛上船，行了40分钟，远远地，看到

菲利浦岛

　　面前出现了两个黑漆漆的小岛被海浪拍击着，激起万丈波涛。这就是菲利浦岛西南端的海豹岩（Seal Rock）和黑岩（Black Rock）。

　　船近了，我们才发现岛上竟然密密麻麻的都是海豹，是一万八千多只野生海豹把岩石覆盖成了黑色。小岛分成几层，越高层居住的海豹地位越高，一只气宇轩昂的巨大海豹昂着头，挺着金色的胸膛。小海豹们在低一点的岩石上嬉戏，不时发出欢畅的叫声，有几只连滚带爬地跃入水中，一会儿仰泳，一会儿潜泳，一会儿又在水面跳跃。刚刚还是人们欢闹嬉笑的海滩，咫尺之隔，竟有如此不同的世界！

　　结束航行，我们顺便到菲利浦岛上的野生动物园逛逛，这里能看到考拉、袋鼠、袋熊、鸸鹋等等澳大利亚原产的奇怪动物。放养的袋鼠一点儿都不怕人，总是吧嗒吧嗒地跳过来，找人要吃的。我们身边常常围着好几只，我一会儿喂这只、一会儿摸那只，手忙脚乱。有只灰袋鼠最淘气，用爪子趴着我，干脆把头伸到我的食品袋里大快朵颐。

我问管理动物的女饲养员哪里能够抱着考拉照相，她说："我们维多利亚地区是最尊重动物自然习性的，不允许抱着考拉照相，否则会让考拉受到惊吓的。只有在昆士兰州的动物园才有这样的旅游节目，那些动物园一般都养着一百多只考拉，照一会儿就换一只，免得惹考拉不高兴。"BB在旁边低声说："听出来没有？她对昆士兰州的做法充满了不屑。"

晚上夜深人静，就是企鹅们回巢的时候了。夏日墨尔本的白天温度在28℃左右，而晚上企鹅出没的海边，被风一吹，真的寒冷如同到了南极一般。

别看企鹅平时摇摇摆摆好似玩世不恭的样子，其实它们是非常勤奋的动物。每天凌晨四五点天还没亮，它们就从巢中出来，集体向大海拥去，然后花几乎一整天在海中30米的深处不停地捕鱼，到了晚上九十点钟才算"收工"回家。

对于这种完全野生的动物，人们很难精确估计它们晚上的上岸时间。我们在南极吹来的冷风里等待，目不转睛地望着大海与沙滩交界的地方，刚等到眼睛都有点累了时，岸上忽然传来海鸥们的尖叫声，一排小小的黑影冒出来，企鹅们上岸了！

最先上岸的企鹅们停了一会儿，排成两三排开始摇摇摆摆地向海边山坡上前进。接着又一组企鹅上岸了，等前面的走了一段，它们也左右张望一阵，排成几排，开始往前走。企鹅们走一阵，又停下来张望一阵，就这样一组一组地上岸，走走停停。有的时候，前面的企鹅停下来，有些粗心大意跟在后面的企鹅就会突然撞到前排的同伴身上，摔个嘴啃泥。

企鹅们的家就筑在海边山坡的岩缝里，非常分散，因此，它们就好像我们小时候下学回家的路队一样，等到了岔路口，有些企鹅就开始离队向自己家的方向爬。过一会儿，满山遍野都能看到企鹅白色的肚皮。

鹭岛：海龟、鲨鱼、鳐鱼、珊瑚、各种珍稀海鸟

我在鹭岛（Heron Island）的潜水店看到一幅海底珊瑚、海龟和 Nemo 小鱼的照片，潜水店的小伙子 Gary 走过来："喜欢我的照片吗？""真的是你照的吗？"我惊讶地叫起来。这时我才发现，原来如梦如幻的海底世界已经离我这样近。

大堡礁是世界上最大的珊瑚礁群，从南到北绵延两千多公里。是距今一万五千年前珊瑚一点点长成的，珊瑚种类有 350 种以上。

鹭岛（Heron Island）位于大堡礁南端，面积不大，环岛一周仅需 30 分钟。一直以来，由于小岛具有异常丰富的生态环境而备受各权威杂志推崇。鹭岛周围就可以潜水，可以看到各种各样的鱼，这里还是海鸟和海龟的天堂。

鹭岛不像凯恩斯周围的珊瑚岛那样容易前往，从 Gladstone 到鹭岛每天只有一班船，两个小时的船程；如果坐直升机，则需 30 分钟。放眼望去，辽阔的大海变幻着深蓝浅绿的色彩，深褐色的珊瑚礁星罗棋布，机长还不时地指点："看，下面有一只海龟！"

远远一个孤岛就是我们此行的目的地——鹭岛，飞机缓缓降落在小停机坪上。岛上鸟鸣声此起彼伏，好像百鸟朝凤的民乐，这真是对我们最好的欢迎。各种各样珍稀的海鸟密密麻麻地停歇在树上，好多鸟儿还争抢着从我们肩头飞过。BB 由衷地赞叹："看来童话也不都是想象，很多都是有原型的。"

酒店本身并不奢华，但是却绝对地自然和独特。酒店里每天出版一个小册子叫 *Heron Times*（《鹭岛时光》），介绍各种亲近自然的活动：海钓、潜水、浮潜、观看海龟产卵、观看小海龟游向大海、观鸟、观看珊瑚等。很多活动还有

岛上的专业研究人员带领并讲解。作为澳大利亚的国家自然保护区，我们所住的这家酒店是鹭岛上唯一的一家。岛上还有一个生态研究站，人们居住的地方被限制在岛西侧的狭长地带。所有的饮食起居都只能在酒店中进行。为了保持海鸟的自然本性，餐厅被密封起来以防止海鸟进来找食吃。这里所有的一切，无论是海鸟、海龟，还是死去的贝壳，都受到严格的保护。

按照《走遍全球》的说法，鹭岛周围的潜水已经令人叹为观止，离岛5分钟船程的珊瑚礁，更是美丽到了极点。不愧是大堡礁，鱼种类多，五颜六色，我和BB在岛上的潜水店内购买了印有各种鱼类和珊瑚说明的小垫板，一边浮潜，一边在小牌子上比比画画，对照着看到了十几种不同的鱼。这些鱼个头都很大，连平鱼每只都有半个人大。深水处还有一条大鲨鱼从我们身下游过，这是我们在水族馆和马尔代夫见到过的白尾珊瑚鲨（Whitetail Reef Shark），金色的身躯，完美的体态，足有3米长。水里还有各种各样的水母，我的嘴还被月亮水母亲吻了一下，肿了半天后才好。

鹭岛周围没有希腊离岛的鱼种类多，但是经常有海龟、鲨鱼、鳐鱼光顾岸边，仅仅沿着沙滩散步，就一定能看到它们。有一种鲨鱼，与白尾珊瑚鲨不同，又大又扁的三角形头部好像是鳐鱼，尾巴又和普通的鲨鱼毫无二致。

在岛周围浮潜最好是在涨潮前后3个小时。中午正是阳光最好的时候，我和BB在岛周围慢慢地游，忽然，阴森森、静悄悄地，一只三角头的鲨鱼

鹭岛浮潜

擦肩而过，有两米长，我吓得不敢动，忽然想起手刚刚被鱼种小垫板划伤了，又赶快紧紧把口子盖住，生怕鲨鱼闻到血腥味道。不过，鲨鱼并没有理我们，还是继续向前，BB尾随着它游到远处一片神秘水域，发现无数巨大的鳐鱼和鲨鱼附在海底沙上休息。

白尾珊瑚鲨（Whitetail Reef Shark）

BB游回来，一定要拉我去看鲨鱼和鳐鱼睡觉，我实在游不动了，就浮在水上，一抬眼，一只海龟就出现在面前，瞪着我看。身体侧面一个阴影又游过去了，一开始我还以为是船，没想到是一只深蓝色的巨大鳐鱼忽闪着从我身边游过。按照Lonely Planet的指导，看小的生物可以跟着游，看大动物最好的办法是等它向你靠近。

等潮水退到及膝深，酒店的珊瑚研究专家Janine带我们去看留在沙滩上的珍宝：白色的沙参，肥硕的乌参，还有巨大的梅花参到处都是，一不留神就会踩到。Janine问："谁知道海参是什么味道？"那些澳大利亚人都愣住了，只有我抢着答："生吃和海蜇差不多，做熟了就软软的、糯糯的。"这些海参生活在大堡礁太幸福了，在保护下长到这么大，每只不知比国内餐馆中的大了多少倍。

除了海参，珊瑚边上还生长着很多大海胆和红色和紫色的海星，还有一种面包似的海星，以前我可从来没见过。我最喜欢的是佛手贝壳，它们镶嵌在珊瑚里，一张一合，是海底的奇珍异宝。浅浅的水中还留下了退潮后没有回到深海的小鲨鱼，金色身躯上带着褐色的斑点，怡然自得地绕着珊瑚游戏，我站住，它可能把我也当成了珊瑚，绕着我的身体游来游去。

Janine 在水下摸了半天，捞出一种非常恶心的软体动物，她说这是她最喜欢的海兔，像去了壳的蜗牛，个头倒有大圆面包大小，不过它居然也是有壳的，只不过它的壳不是长在外面，而是长在身体里，轻轻一碰它就会从壳里喷出紫红色的墨水，让人怀疑这是《哈里.波特》中被施过魔法的生物。

傍晚时分，潮退得更远，我和 BB 在沙滩上漫步，随处可见比手还大的佛手贝壳。我在岩缝里看到两只刚刚孵出来的小海龟，只有四分之一个手掌大，一只头被啄掉了，鲜血淋漓，另一只已经晒成海龟干了。

BB 忽然叫："这里还有一只活的。"可能是因为退潮，仅存的这只小海龟的一只脚被岩石卡住了，拼命挣扎，我们把小海龟下面的沙子挖开，小海龟终于爬出来，跟跟跄跄地向大海的方向爬，最后终于游到大海，然后很自如地在大海中消失了。BB 说："不知道我们这件事做得对不对，也许应该让它自然地斗争，这样才能真正做到优胜劣汰。"

我说："这也算小海龟的机缘吧，也许这一只小海龟特别幸运，在成长的过程中总能遇到帮助它的人。"我们在沙滩的树丛下发现了几个巨大的沙坑，想了半天终于明白了，这肯定是大海龟产卵的时候留下的。

鹭岛周围有两类海龟：一类是这里的常驻民，在鹭岛周围的水域捕食和生活，但是会迁徙到很远的地方交配繁殖；还有一类是从远方光顾鹭岛和周围的几个小岛交配繁殖的，这类海龟每隔四到六年就会回到鹭岛来产卵，等过了交配期，它们还会再回到自己居住的地方——可能是印度尼西亚的某个小岛，也可能就是离此不远的 Hervey Bay 或者 Moreton Bay。在迁徙的季节，海龟每天能游 50～70 公里。

想看海龟产卵要在晚上涨潮后一两个小时，体重一百多公斤的海龟会随着潮水上岸，选择最隐秘的产卵地点。一般每个晚上有十几只海龟到鹭岛产卵。

退潮时的 Reef Walk

月黑风高,我们看海龟的一干人深一脚浅一脚地出发了。到了沙滩上,手电被禁止使用,一看到悄悄游到岸边的海龟,我们就马上静静地不再前进。因为这个阶段的海龟是最容易受到惊吓的,一有风吹草动,它们就会马上游回大海不再产卵。海龟上岸后,会颇费一番工夫地选择适合的产卵地点;如果不合适,它们就会离开再找新的地方,直到有了合适的地方为止。海龟产卵时会用四肢给自己挖一个大坑,然后再用后肢挖一个产卵的小窝,一切准备就绪后就开始产卵。这时,我们就可以从后面接近它们了。

我们只能借助星光辨别海龟的脚印,岛上常见的有绿海龟(Green Turtle)和傻头海龟(Loggerhead Turtle),它们的脚印非常明显,而且很容易区分。绿海龟是用两只前脚一起扒着沙子前进的,而傻头海龟则是用两只前脚轮流扒沙前进的。两排脚印中间留下的是海龟的尾巴印迹,像一个一个的小箭头,箭头所指的方向正好与海龟前进的方向相反。一开始我们发现了很多脚印,顺着脚印跟到近前,却并没有见到海龟。不过工夫不负有心人,我们终于发现了一只已经在生蛋的海龟,它自己刨了一个巨大的沙坑,蹲在里面,眼睛一张一合,身体下面卧着乒乓球大小的龟蛋。

每年1月底到3月初是海龟产卵的季节,这些海龟每次产120个卵,然后隔两星期再产一次,一年一共要产卵五六次。我们找到的是一只绿龟,有1.5米长,研究海龟的专家Linda说,她看到过两米多长的海龟,我们看到的这只可能是第一次做妈妈。

我们问这只海龟有没有名字,Linda说:"我们不许给海龟起名字,主要是要避免对海龟产生感情,给它们更多人为的保护。但是你们现在看到的这只是从小我们就跟踪的,所以我还是免不了对她产生感情。有些国家特别帮助海龟进行繁殖,但这不一定是好事,很有可能会破坏整个生态平衡,所以我们所做的只是跟踪记录和研究它们。"海龟生蛋用了一个多小时,然后开始用腿扒沙子，把蛋埋起来，这样又用了一个多小时，才慢慢地爬出来向大海游去。我们静静地坐在它旁边，目送它回到大海。

再过些日子，小海龟们就会破卵而出。每年1月初到4月底，从傍晚到午夜，人们都能够看到一组一组的小海龟破壳而出游向大海。小海龟游向

鹭岛夜晚产卵的绿龟

大海只需要几分钟，不过更是绝对不能被人打扰的，即使打开微弱的手电，也会让它们误以为是大海而爬错方向，从而耗费它们可怜的一点点精力，不能生存。这些小海龟在成长过程中还会遇到很多很多的天敌，成活率只有千分之一。BB说："不知道咱们救的小海龟最终是不是能够活下来？"这些小海龟也将到远处的岛屿上居住，直到长大了，它们才会回到自己出生的地方生下一代的小宝宝。

悉 尼

到了悉尼，就完全换成了大都市的风情。周五下午三点多，街边的小酒吧里面就挤满了西服革履、高谈阔论的人们，有些人实在没有地方坐，就干脆坐到窗台上喝酒聊天。远远的人声简直像是鹭岛上的鸟鸣，让整个城市都是舞动的、热烈的。

从海德公园前行，不多远就是圆形码头，也就是著名的悉尼大桥和悉尼歌剧院的所在。乘上渡轮沿着悉尼港漫游，海湾中飘着无数白帆，密密麻麻的小

洋楼沿港湾而建，歌剧院虽然不及想象中圣洁，但与这些建筑和白帆搭配得非常协调。下班时间，绅士、小姐们乘上渡轮，回到自己海湾边的家。

BB说："这里有点像温哥华，也有点像香港。"我说："到了这么多的大城市，我发现这些城市尽管美丽，但是太过相似，无非是高楼大厦加上与自然海景或者水景的融合。"这让我忽然有点想念北京，想念北京城灰色的矮墙，想念什刹海遛弯儿、下棋、唱戏、跳秧歌的人们……

2006年1月

纯净新西兰的各种光彩

我有时会想这样一个问题：是不是阅历复杂的人就一定不会透明纯净？是不是个性简单的人就一定不能内涵丰富？ 14天后，这个问题的答案让我在新西兰找到了——这个国度就像水晶一般：单纯、透明，却能在不同侧面折射出美丽，光芒耀人。北岛秀美，南岛狂野，各种各样的活动让我们在这里的每一天都充满新鲜和乐趣，相信做人也如此！

如果你是第一次来新西兰，我建议你以两个地方为基地：一是北岛的陶波湖；二是南岛的皇后镇。境内飞机与周边驾车相结合。新西兰境内飞机快捷、方便、风景绝佳，多利用境内航班可以避免舟车劳顿，给自己更多休闲时光。

陶波湖的岁月静好

我一直期待某一天和好朋友到每个走过而且喜欢的地方买栋房子，在每个地方住上一段，感受这里的四季和风物。让我去想象生活在当地场景的地方并不多，然而陶波湖便是其中之一。

陶波湖离乏善可陈的奥克兰3小时车程，我们去的时候正好阴天，一路上阴郁的气质和风貌很像电影《指环王》中的场景。

罗托鲁阿是世界十大温泉之一，以火山泥浆著称，硫磺味弥漫。Hells Gate Mud Spa是此地唯一能洗天然泥浆浴的，就修建在蒸腾的热泉旁，相当于美国黄石公园猛犸泉旁开浴场，比台湾温泉也自然大很多。人少，偌大的汤池完全独享。每回我一休假就生病，来玩的路上嗓子疼，可洗完泥浆浴竟神清气爽，熊猫眼都好了，神奇吧？！硫磺味道充斥着整个地区，也附着在我们的衣服上，后来衣服洗了很多次还是臭鸡蛋味的。

我们住在一个种满薰衣草的安静别墅（Point Villas）里，房间里飘着熏香味道，两个舒适的面湖卧室，每个卧室里有两顶带着徒步用的巴拿马草帽。巨大的客厅和厨房，真火壁炉，室外烧烤平台，面对湖水的长泳池和躺椅，被热带植物包围的浴室，私家kayaking小船，网球场和直升机坪。很可惜我们的朋友没来，要不几家共享可美极了。

房子主人是一对老年夫妇，住在我们别墅后面的另外一栋。老奶奶给我们准备了各种各样好吃的。她先是问我们是不是也像曾经来的印度人一样是打小包办的婚姻，所以才结婚这么多年。然后又说虽然陶波湖很缺水，但还是很抱歉居然让我们赶上了罕见的全国大雨。我见怪不怪地说，可能因为我们九牧林是妈祖后代，所以到哪里都得下雨。我想她被我彻底搞晕了。房主夫妇坦言他们各自都有过另一段婚姻，后来才遇到了彼此，因此格外珍惜。老奶奶曾经是Matakuari Lodge的总经理，对安排各种活动得心应手。老爷爷是个设计师，工作室里面堆满了手稿，他做土地规划、房屋设计，甚至汽车设计。我们的别墅里有很多关于设计大师的画册，房子本身也很有品位，一切都出自夫妇俩之手。国外的这些老人家，格外强调自己的兴趣、爱好和个人价值实现，到老了也还在追求爱情与心意相通。

陶波湖畔，一只海鸥飞过来，就会把原来柱子上的那只挤走，那只往前挪一个，把再前面的那只往前挤，这样一只一只地挪地方。所有人看了都停下来照相

陶波湖清静，资源丰富，有很高的生活品质，因此这里的人也简单而绅士。BB手欠把表弄坏了，Pilbrows Watch & Clock Restorations 的工匠大伯免费帮我们修理；遇到一个新西兰小节日，所有人都特别热情地告诉我们要去参加；这里从来不需要像中国和美国那样抢车位，去钓鱼，就停在船正前面的车位上；坐飞机，离起飞提前15分钟抵达，把车停在机场门口，钥匙扔在钥匙箱里，不用安检，也永远不会航空管制。住在陶波的人要想有点有关拥挤的烦恼该是多难的事！

很多的美丽瞬间——

The Point 是全世界最适合垂钓虹鳟鱼的地方。我们垂钓那天的陶波湖，用"风和日丽"形容最贴切不过了，湖水像海一样深邃，如水晶般清澈，在阳光的照耀下，闪着碎银般的光芒。

我们唱着歌，坐 Nick 漂亮的小游艇去钓鱼。陶波湖是世界上最大的火山湖，有世界上最棒的野生鳟鱼垂钓。幽蓝湖水，绿影香堤，大朵淡粉色云朵环绕着远处的汤加里罗火山群，五彩滑翔伞从湖面飘过。

就这么躺在船上跷着脚，看着鱼竿和蓝天发呆，真是头脑空空的享受。

BB 很快钓到了一条大瘦虹鳟鱼，它在水中跳跃的身影真的像彩虹的颜色。Nick 用钉在甲板上的尺子量了一下——所有没有超过 40 厘米的鱼都要放回湖中——这条鱼长 45 厘米、两磅重，于是 Nick 用木棒把它打晕了扔到水盆里。

接连又上钩了三条，我收了半天线，两条跑了，另一条是大胖鱼，我收线手都酸了，39 厘米，差一厘米也只能放回湖里。Nick 笑了："今天不是你的幸运日。"我笑："总会钓上一条大的。"

我们晒着太阳躺在湖上听歌喝茶，鱼竿又动了，Nick 说不是鱼，或者只是很小的一条。我还是收了线，竟然是恰好 40 厘米的一条鱼，看来坚持总会有收获。

上了岸，镇子上有几家可以做鱼的餐厅，BB 晕血不敢拿，我就捧着两条大傻鱼在街上走，很多人看到都说："你们抓到两条很棒的鱼！"

我们到一家叫 Plateau 的餐厅，出示了钓鱼许可证，大厨帮我们做了很甜美的生鱼片和蒸鱼。听说以前扬州的生意人爱享受，鱼一钓上来就开始做，到了岸上正好开吃。我们今天的鱼也有这样的新鲜和美味。

在汤加里罗火山公园徒步，无论是荒野还是瀑布，都只有我们两个人。有点相依为命的感觉，更有发现美丽惊喜时只与对方分享的小小欢愉。

傍晚时分，回到家，夕阳染红天际，我和 BB 到私家沙滩看虹鳟鱼跃出水面，画出彩虹一样的颜色。然后自己做一顿晚餐，枕着波涛沉沉睡去。

皇后镇夜晚

皇后镇的风情无限

在皇后镇的每一天，我们都是咧嘴傻乐着度过的。

头三天我们先租了一栋叫 Bel Lago 的别墅，然后和朋友们会合。别墅有巨大的客厅、厨房和阳台，一共四个房间，每间都能看到湖水，连车库都修了一个看湖的玻璃窗。朋友们特高兴："这里不是一般的好！"然后立即取消了继续南行的安排，决定就在皇后镇多待几天。

我们也开始了更爽的吃货之旅。在五颜六色的超市里买最新鲜的蔬菜、水果、肉类、海鲜、牛奶，天下第一的老北京大厨变着花样地烹制出美味的中国菜：从拨鱼儿、饺子、各种炒菜到大肘子和酱肉，想得到想不到的美食，都一股脑地摆在餐桌上，我们要做的就是拼命地吃，以及好好盘算着要到哪儿去玩。

米尔福德峡湾距离皇后镇 5 小时车程，一般驾车前往要在中途住上一晚。而选择乘坐直升机，就把长途驾车变成了 4 个小时极其难忘的旅行体验。直升

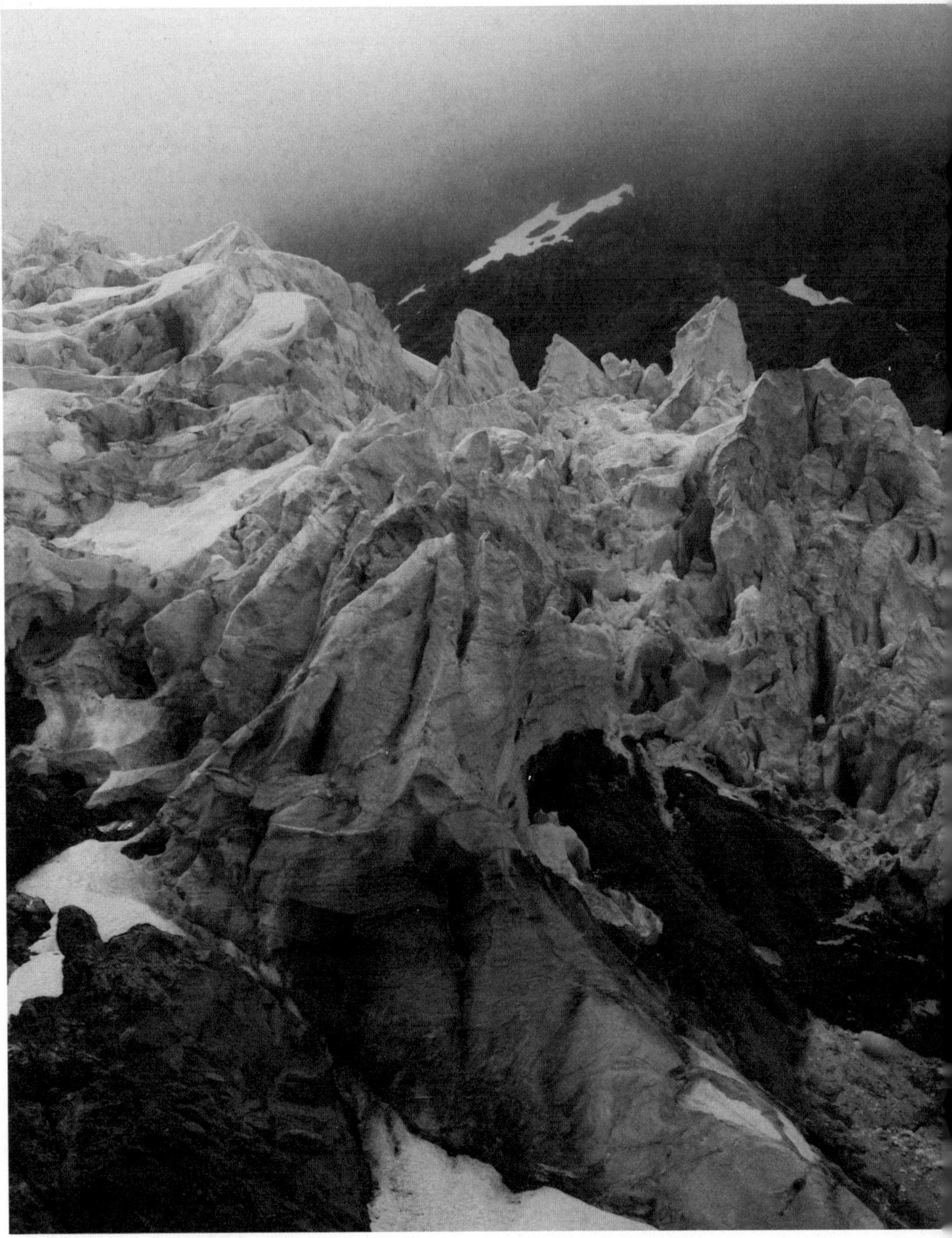

飞机在雪山中穿过，越过明珠般的瓦卡提普湖、蜿蜒的 Dart River，第一次，我们离晶莹的蓝色冰川、奶绿色的高山冰川湖那么近。飞机在雪山之巅和荒野的高山湖水旁边降落，只有我们几个人，天是那么蓝，湖是那么清澈，周围又是那么孤独荒凉，那是一种很圣洁的接近神的感觉。

我们乐呵呵地回到家，还有亲切的中国大餐等着我们，原来落回到凡间，更是温暖和踏实。

我的耳朵在乘直升机下来的时候很疼，可能和感冒有关，很长时间都听不清楚。这倒给了我一个指使人的理由："BB 啊，帮我倒杯水，我耳朵听不见平衡不了，走不动呐！"

等到除夕那天，我们上镇子去，正赶上周末市场，沿湖有很多卖小玩意儿的摊子。我们居然还在停车场碰到了同事。我们踏上 Clear Water 的钓鱼船，虽然不及陶波湖的尊享，但是这里有特别专业的钓鱼电子设备——

乘直升机前往米尔福德峡湾，中途会飞过雪山冰川，并在山顶停驻

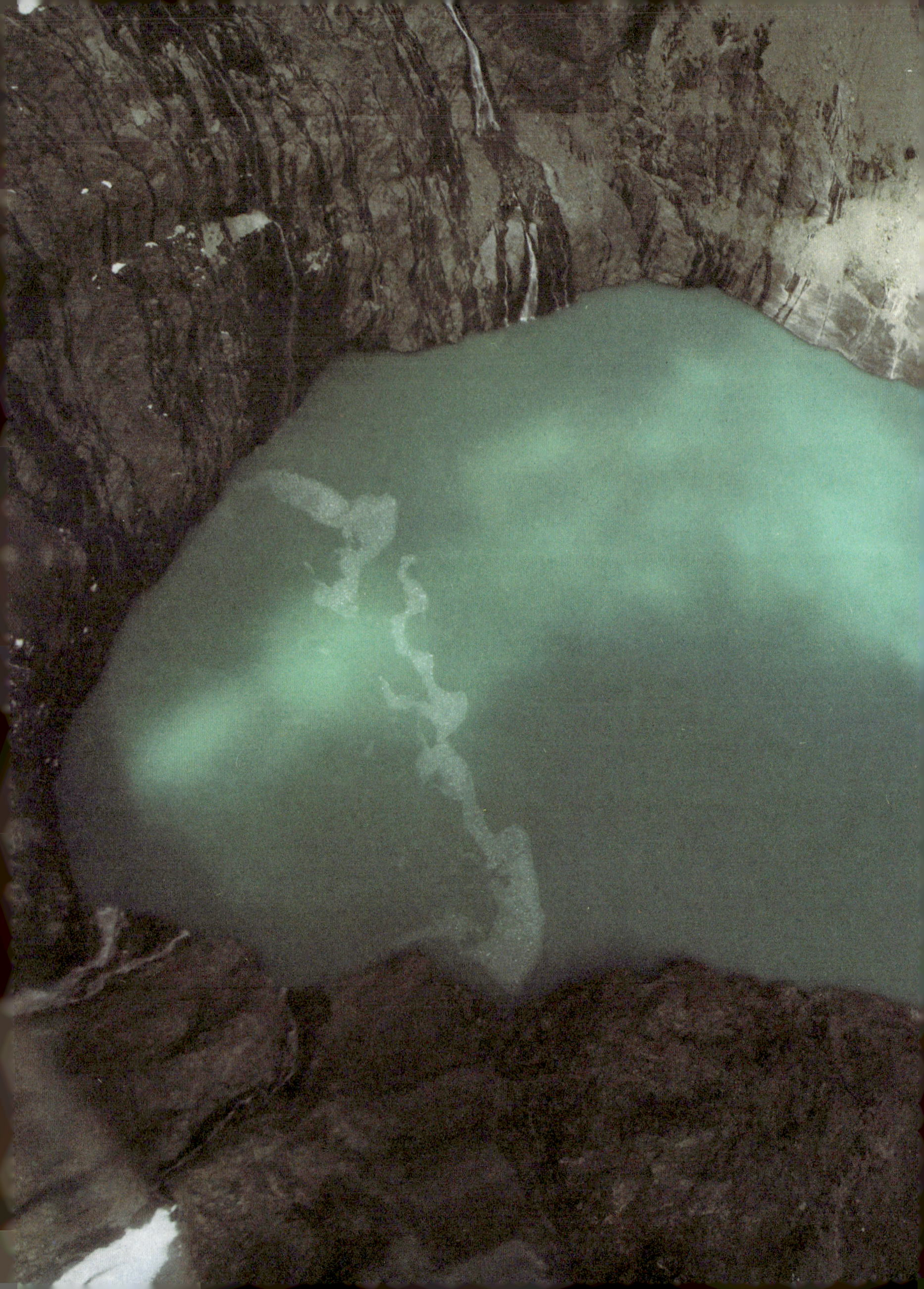

在直升机上看到的高山湖呈奶绿色，是山上化下来的石灰岩所致

在皇后镇钓鱼

显示水下有多深以及有多少鱼。按照朋友的话说，就好像是外挂的电子游戏。躺在船头晒太阳，面对黄绿色魔戒一样的大山，湖水时而湛蓝时而翠绿，我直接打了湖里的水来喝，微风拂面，心旷神怡。带我们钓鱼的人叫 Mark，等我们钓上一条鱼后，他就帮我们在船上做成生鱼片。所有的人都点头称道："Mu……好吃！"的确，新鲜野生的鳟鱼比三文鱼要好吃很多，没有那么油腻，更加细致和甜美。朋友们在家包饺子，等我们带鱼回去，过个年年有"鱼"的除夕！

远处 Earnslaw Cruises 蒸汽船冒着黑烟从湖上开过。这是我们在新西兰见过的唯一造成污染的家伙，它已经在这个湖上运转了一百多年，寄托着很多新西兰人童年的回忆。Mark 说，也许再过十几年它就会永远停下来，因为那时候爷爷奶奶们已经不在人世了，没有人再需要它唤起童年的记忆。不知道这是一种悲哀，还是历史的必然？

三天后，我们搬到了皇后镇的 Matakauri Lodge——姚晨大婚的小酒店，只有 11 个房间，每个房间的门前都种着高大金黄的芦苇，面对湖水、瀑布和群山。整体色调是舒服的淡橘色，桌子和床头柜还是珍珠鱼皮制作的。

这里的服务员总能叫得上你的名字，而我后来在酒店留言簿里特别提及也是很多客人特别留言的，是这里的顶级的美食。每到傍晚时分，面对宁静湖水与精心烹制的美味，看着夕阳西下，觉得人的一生也不过是在寻求一场如此完美的谢幕。

Matakauri Lodge 窗外

我问服务生:"你们的大厨是米其林星级厨师吗?我觉得他是。"他说:"米其林在新西兰还没有评级,如果评,他一定是。他听了你的评价一定非常高兴!这是他最在乎的。"

然后他告诉我,这里每一道菜都是大厨花上好几天精心设计的,只为了充分调动客人的味蕾、视觉和想象,原料也绝不吝惜地精益求精,为了找到最新鲜好吃的鹿肉,他们乘着直升机打回野鹿烹饪。

在我看来,新西兰的美食堪比法国,值得大书特书,而且更具创意,原料也更新鲜。特别是我后来发现我最爱的甜品 Pavlova 也源自新西兰,就更加坚定了对于新西兰作为美食国度的判断。

在 Matakauri Lodge 住了两天,其中一天去 Jack's Point 打球,这是我们第一次在这样雄浑狂野的群山环抱中打球,好像自己就是个出演指环王的霍比特人。到了第五洞,我还可以看到海一样蓝、宝石一样闪亮的瓦卡提普湖。在这样的风景下,每一杆都赏心悦目。不过到后九洞太阳很毒,回来我就发现自己晒伤了,脸上起了红斑,很快还曝了皮。

到 High Country Horses 骑马

　　球场上碰到一只色迷迷的小刺猬，小狗一样老是朝人爬，在我身上闻来闻去，做出很喜欢我的样子，还企图咬我们的球杆。

　　到 Glenorchy 的 High Country Horses 骑马也是非常难忘的经历。从 Queenstown 到 Glenorchy 的路是世界上最美的公路之一，白云和雪山倒映在静美的湖水之中，时光也为此静止，屏息凝神间，浑然忘我。我骑着马，面对雪山，穿过河床、小溪、森林、开满鲜花的田野与牧场，马踏河水把水花溅在身上，清凉而欢愉。周围满是开败的鲁冰花，要是正在花季，冰雪初融，肯定更震撼。回到北京，我想买一本关于骑马的书，BB 说："你这回可真是叫'叶公好龙'了。"

　　如果你在这里还有时间，不妨再到箭镇去转转，拜访可爱的纪念品小店（新西兰没有什么拿得出手的纪念品，用当地特有树种制作的小物件还有些特色），在阳光下午餐，或者去邮局买一套包括霍比特人邮票的年册。回来后，我

Tekapo 湖畔

  把礼物们摆满一床，重温旅行中经典的"看礼物"游戏。

  感谢你，感谢你们，共同行走，共同记忆！没有复杂的生命感悟，但生命中的快乐就是这么简单！

2013 年 2 月

提示

  建议在新西兰游玩尽量选择境内飞机加周边租车的方式，减少长途开车，避免走马观花、舟车劳顿。我就受穷游网误导，行程最后几天从皇后镇开车 3 个多小时到了 Tekapo，第二天又开车 4 个多小时到基督城。下次我去肯定会直接从皇后镇飞回悉尼，安静享受的时间，每一分钟都值得珍惜。

孕育弗拉明戈、高迪和毕加索的热烈大地——西班牙

巴塞罗那：高迪一个人的城市

我喜欢巴塞罗那的风、阳光和高迪。

再没有比巴塞罗那的风更和煦的了，充满了自由的空气，让人浑身发酥。

再没有比地中海的阳光更温柔的了，让天这样蓝、这样高，让海这样辽阔、这样纯粹。

这样的风和阳光激发了人无尽的想象，成就了伟大的高迪、毕加索和米罗，这是一片孕育天才的土地。

因为有了高迪，巴塞罗那从平庸变得非凡。高迪终其一生设计的圣家堂百年后还在继续着它的建设，吊车和建筑工人也成了作品的一个部分。人们可以从这里感受到无尽向上的生命的张力。

当我沿着格雷西亚大街一路走去，忽然见到街对面的巴特楼公寓的那一刻，高迪，就成了我心中最崇拜的艺术家。有些艺术作品都可以通过勤奋和技巧创作出来，而巴特楼公寓只属于天才。

海洋般的梦幻与曲线，在窗、门、楼梯、露台上无处不在：我躺在顶楼阁楼的地上，看灯光照着流水，波纹倒映在大理石房顶上，形成流动的梦境；我坐在巴特楼公寓楼下的长椅上，看五彩的马赛克和变幻的灯光，一切都细碎又完整、完美又真实。第一次，我被一件建筑作品感动得泪流满面。

高迪的巴特楼公寓

沿着格雷西亚大街走到尽头，就是加泰隆尼亚广场，再往前就是老城区里著名的兰布拉斯大街，周围有很多卖花和小宠物的小摊。有人在大笑，有人在大声咒骂，也有人在拿着啤酒高歌，兰布拉斯大街让我们在到达后第一次看到了奔放不羁的西班牙人。

塞维利亚

> 我打江南走过
> 那等在季节里的容颜如莲花的开落
> ……
> 我达达的马蹄是美丽的错误
> 我不是归人，是个过客……
>
> ——郑愁予《错误》

在没有来到塞维利亚之前，我不能想象世界上还有这样曼妙、精致的地方。尽管有无数的旅行杂志已经毫不吝啬地给了她赞美，塞维利亚，还是超出了我的想象。

石子小径，雕满花纹的小窗里默默开放的花朵，狭窄巷子中的街灯，家家户户门前用马赛克铺成的台阶，伊斯兰教和基督教文化完美结合的教堂和宫殿，城堡前缓步驶来的老式马车，随抬眼，到处都是唯美的图画。

无数的文学巨匠和音乐大师已经给了这座城市太多的宠爱，在满城果实累累的橘子树上，在晚上十一二点还在 Tapas 小店中喧闹的人群当中，你能真实地感受到《塞维利亚的理发师》和《费加罗的婚礼》中无所事事而又快乐的人们；在弗拉明戈独特的节拍中，在舞女甩动的裙裾与长发里，你能看到《卡门》中敢爱敢恨、充满野性的吉普赛姑娘；在贵族官邸华美的拱门、喷泉和中庭里，又有俊朗又带些轻佻的唐璜生活过的痕迹。

感谢安达卢西亚的阳光和蓝天，更感谢今天这场突如其来的雨，雨后的天空变幻着蓝、褐、黄、红各种色彩，成为姜黄色的阿尔卡萨尔宫殿的完美映衬。在宫殿后的小庭院里，四五条彩虹重叠在天空上，院子里只有我、BB 和一个貌似摄影记者的老外。那个老外边拿着相机拍照边不停地说："Amazing！"

我们住的阿芳索十三世酒店（Alfonso XIII）自 1929 年建成以来一直就是全欧洲最豪华的酒店，好几位国王都曾在此下榻。一进大门，我就不由自主地喊："Wow！"真有种目眩的精美。如果说一个釉质的花纹繁复的盘子已经够让人欣赏，那么这个酒店到处都是这样的花纹：电梯的木门上雕满花纹，花体的 OTIS 的标志恐怕也是百年前的古董。

我们特别幸运地住了个套间，在宽大的阳台上，能够看到酒店贴满蓝瓷花纹的尖顶、阿尔卡萨尔宫殿和西拉尔塔上随风转向的天使。

傍晚，我们学着当地人的样子一家小店一家小店地串着吃 Tapas，跟着当地人点他们吃的东西：新鲜的火腿，极鲜美的用橄榄油和蒜汁烧的大虾，入口即化的牛尾。点了三杯橙汁，结账时少算了一杯，我们告诉小店的小伙子，他立刻很开朗地说："不要了，算我请客！"

星期天，我们乘上一辆马车在河边漫步，路过

周日，军乐团和童子军在阿尔卡萨尔宫殿旁边的小院落里表演

卡门工作过的烟厂和美丽的西班牙广场。然后到阿尔卡萨尔宫殿中去，满院子的橘子树果实累累，花纹繁复精致的院落、中庭，高大的宫殿，让人仿佛进入了《一千零一夜》的世界。出得门来，正赶上周日的狂欢，军乐团和童子军在我们昨天看彩虹的小院落里表演。

回到酒店，我们又碰到有人举行传统的基督教婚礼，无论是小男孩还是老妇人全都盛装出席，妇女们戴着复杂而时髦的帽子（英国女皇就经常戴这样的帽子），穿着绚丽夺目的礼服，男士们则都穿着无尾小礼服。西班牙女郎本来就是全世界最漂亮的，眼前的一切让我仿佛进入了拍摄19世纪贵族电影的片场。

佛罗伦萨和塞维利亚——一个恬静古典，一个单纯热烈；一个是夕阳中静静的小河，一个是彩虹下蜿蜒的小街——成了我最喜爱的两个城市。

安达卢西亚的白色小山村

安达卢西亚地区分为塞维利亚（Seville）、卡地兹（Cadiz）、马拉加（Malaga）、

格拉纳达（Granada）和科尔多瓦（Cordoba）等几个省，人们传统印象中的西班牙，阳光、海岸、弗拉明戈和斗牛说的就是这个地方。而明信片上典型的风景，就是这些蓝天映衬下的白色小村庄。

Vejer de la Frontera

从塞维利亚开车向卡地兹方向，一路上都是新绿的一望无际的田野，高高的蓝天。在西班牙开车是一件赏心悦目的事情，路况很好，收音机里每个台都有美妙的西班牙音乐和歌声，不时可见几百架风车在山坡上转动的壮观景象。

Arcos de la Frontera 是途中一个悬崖上的小村，村中可以俯瞰整个田野、草原、橄榄树和河谷。没想到正赶上 Cadiz 地区的狂欢节，我们想住的 Paradodr 酒

安达卢西亚大地的白色小城

店都客满了。

从 Arcos de la Frontera 到 Jerez，雪利酒的产地，再经过 Cadiz，就到了另一个美丽的小村 Vejer de la Frontera。Vejer 举行狂欢节，几个可爱的孩子在白色的狭窄小巷里玩耍，脸上涂着小红脸蛋，围着小围裙，骑着扫帚和奶奶的手杖，装成老巫婆去参加狂欢，他们的妈妈和奶奶倚在门口乐呵呵地看着，很像阿拉丁动画片。

小村 Vejer de la Frontera 的狂欢节

在一家由传统洞穴改建成的小酒吧里，很多当地人围在里面吃东西、喝酒、玩骨牌，我们也进去，见里面摆着各种各样的 Tapas。尽管语言不通，坐在吧台上，用手一指全部，帅气的小伙子还是立刻明白了我们的意思，并挤挤眼睛。不一会儿，金枪鱼沙拉、串烧大虾、猪肉丸、炖牛肉……满满的小盘子在我们面前摆了一长串，还有新鲜香甜的橙子榨出的果汁。结账才 17 欧，快乐美味的一餐。

Casares

不要问我从哪里来

我的故乡在远方

为什么流浪

小城 Casares

> 流浪流浪远方
> ……
> 为了我梦中的橄榄树
> ……
>
> ——三毛《橄榄树》

不知当年三毛的《橄榄树》写的是梦中的哪个地方，只是当我从 Casares 白色小村庄山顶的废墟石门中穿过，看到远处辽阔的地中海和成片的橄榄树，看到雄鹰在天空盘旋，我想起了这首歌。星期日的早晨，村子里一片静寂，偶尔传来一两声狗吠，我靠在断壁残垣中，感觉太阳的温暖。

从山顶向山下走，我们碰到手捧鲜花的老人，他很热情地向我们打招呼："欧拉！"一只懒猫趴在木门前晒太阳。

石头城堡历经风霜渐渐老去，今日的村庄早已物是人非，只有太阳、大海和生长在这片土地上的人还是那样单纯而热烈。

从小餐厅 La Terraza 可以看到村庄的全景，从山岩之下一直建上来的小村，白色的房子，红色的屋顶，漫山遍野的山桃花，热情绽放的黄色小野花，蓝紫色的薰衣草，还有挂满柠檬的柠檬树。

和善的餐厅主人给我旁边摆上一个暖炉，轻轻弹拨起吉他。很暖和的番茄汤，香气扑鼻的橄榄油和蒜烧大虾，安达卢西亚山区特色的烧野兔（至今还令人垂涎）。我们发现这是我们第一次在国外很多天里一点也没有想吃中餐，西班牙真的是一个美食的国度。

Frigilina

Frigilina，曾经被评选为西班牙最美丽的村庄。村子里能看到地中海，狭窄

小镇 Frigilina

的小巷中，家家户户种满鲜花，不时可见伊斯兰教风格的拱门和饮水池。

缓步上山，寻访小巷中的木门、花朵、小院落、街道墙壁古瓷砖上烧制的图案老故事，在手工皮制品小店中选几条很漂亮的马鞭。BB很高兴，见到人就打招呼："欧拉！"这个村子的游人比较多，我们"欧拉"，人家也操着各国口音跟我们"欧拉"。

Nerja：地中海边安静的度假小城

……
从明天起，关心粮食和蔬菜
我有一所房子，面朝大海，春暖花开
……

——海子《面朝大海，春暖花开》

我们在 Nerja 过了几天很舒服的日子，沿着孔雀蓝色的地中海一路向东，路过西班牙最有名的度假地 Malaga，沿途的几个小城 Marbella、Fuengirola 和 Torremolinos，都是全世界大多数人向往的海滨度假地。据说，在海边听到的英语比西班牙语还多，这曾经引起西班牙人的不满。

如果你更喜欢一个安静而又能够充分享受地中海的小城，就应该到 Nerja 来。Merja 离 Malaga 一个小时车程，这里有一块巨大的岩石一直延伸到大海中，站在岩石上，三面被大海包围，蔚为壮观，它也被称为"欧洲的阳台"。

我们终于住到了一家 Parador。Parador 是西班牙政府经营的连锁酒店，专门选择西班牙境内风景最优美的地方作为酒店，特别是经常选择一些古堡和古迹改造为酒店。如果在北京，他们肯定会将故宫的偏殿改建为酒店的。这些酒店位置绝佳，而且设施非常先进，让人既亲近了历史，又享受到了现代的服务；酒店既赚了钱，又保护和修缮了本来可能荒芜的古迹。

我们在 Nerja 住的这家 Parador 倒不是从古堡改建而来的，它建在悬崖上，乘电梯可以下到海滩。海滩上的石头每块都很漂亮，像玉一样。住在酒店里的大部分是一对一对相互依偎的老人，走路都颤巍巍的。我们碰到一对老夫妇从英国来，已经在此住了一个月了。

我们选择了 Superior 的房间，整扇大窗面向大海，阳台上有舒适的躺椅，坐在椅子上可以看书，听大海阵阵波涛声，每天看太阳从海边升起，又从海的另一边落下去。

晚上在酒店吃饭，我们品尝了当地有名的烤白虾和烧小羊羔。在安达卢西亚地区的几个省中，塞维利亚的音乐电台最好听、弗拉明戈最棒、做菜品也不错。卡地兹和马拉加靠海，阳光充足，所以水果特别汁多、香甜味美，海鲜特别新鲜，是最富饶的土地。Nerja 就属于马拉加省，因此能在这里吃到这么幼嫩香甜的虾，也不足为奇了。

Granada：阿尔罕布拉宫的回忆

下午我们去格拉纳达（Granada）。格拉纳达离 Nerja 一个半小时的车程，那里的阿尔罕布拉宫建在高高的山丘上，举世无双，是阿拉伯文化在西班牙最后的城堡，也是最辉煌的领地，后来被基督教徒夺回，又进行了一些改造。

所有的旅游杂志都将阿尔罕布拉宫推荐为必游之地，而我，也因为那首凄婉美丽且动人心弦的吉他曲《阿尔罕布拉宫的回忆》对阿尔罕布拉宫充满了向往。

及至阿尔罕布拉宫出现在面前，我只能用一个词概括我的感受，就是"徒有虚名"。

城堡一样的宫殿的确气势恢宏，可是如织的游人使她的苍凉与婉约荡然无存。

到这样的地方，只能是参观，是无法真正解得其中的滋味的。要想读懂一些人、一些作品，必须要有生活。格拉纳达也有一家帕拉多尔，就在阿尔罕布拉宫殿群中，是所有帕拉多尔中最难订的，我们就因为没有订到不得不回 Nerja 去住。格拉纳达是安达卢西亚地区的另一个省，以荒地和石头山为主，气候和食物都不如 Nerja 所在的马拉加地区。我们在这家帕拉多尔用了下午茶，就回到 Nerja 享受我们的阳光、大海和蜜瓜去了。

Carmona：西班牙的古老皇城

我坐在 Carmona 古皇城改建的酒店的带阳台的房间中，窗外是广阔无垠的田野和散布在田野上的农舍。我们到的这天刚下过雨，空气中弥漫着青草和马粪的味道。周围的一切都把我带回到 13、14 世纪：木头的阳台，小窗，土砖的墙壁，雕刻着美妙花纹的桌椅和床，甚至床前的脚踏和镜子，都充盈着在塑料和汽车发明之前的自然和巧妙。

开车从 Nerja 到 Carmona 的路是乡间小道，田野沿着丘陵伸展，BB 说："咱们好像是走在去奥兹国的路上。"远远地，在丘陵上，我们看到一座黄色的城堡，真的像是多萝西、稻草人、铁皮人和狮子历尽了千辛万苦见到奥兹王国城堡时的感觉。穿过白色的狭窄街道、高大厚重的土城门，我们的奥兹城堡（住的酒店）就到了。

酒店是帕拉多尔中非常有代表性的，高高的城堡如阿尔罕布拉宫殿一样壮美。在宏大的石壁殿堂中，看到中庭高高的拱门、美丽的喷泉和拼花的大理石地板，耳畔传来轻松主题的交响乐，我问 BB："你想起了什么场景？"他立刻说："王宫贵族！""和我想的一样。"我道。

及至再看到殿堂中装饰的皮制的座椅、铜制的桌子、古老的盔甲和剑，我们又觉得自己像是骑士了。特别是在城堡木顶白墙的"大食堂"里吃晚餐，更让人想起身披铠甲的王公贵胄举杯换盏、寻欢作乐的情景。

第二天早晨我们 Check Out 的时候天还没亮，一个身穿大黑斗篷的人也在城堡中 Check Out，后来我们在机场又见他不苟言笑地走过。

我说："BB，今天早上和咱们一块儿 Check Out 的人很像一个巫师。"

BB 很认真地说："那他可能就是一个巫师吧！反正这些事儿你每次说的都是对的，你肯定和赫敏一样，虽然是麻瓜出身，但是魔法学习得还挺棒的！"

Carmona 城市本身就像一个缩小了的塞维利亚，教堂和小街都很精美。而这个 Carmona 帕拉多尔的城堡，真的神奇，给了我们这么多的想象。

热情洋溢的桑巴国度——巴西

亚马逊的热情食人鱼和蚊子

从里约热内卢坐 4 个小时飞机,就到了玛瑙斯(Manaus)——亚马逊州的州府,也是巴西境内亚马逊之旅的起点。

玛瑙斯因为盛产橡胶,所以曾经是巴西最富裕的城市,至今仍有 200 万人口,按照 *Lonely Planet* 的说法,是个充斥着各种骗子的地方。

港口堆着山一样高的香蕉,等待被运往世界各地。我们在这里登上 IBEROSTAR——亚马逊河上唯一的五星游船,确切地说,可能只是唯一一个每个船舱有独立洗手间的游船。

傍晚,船上响起起航音乐,夕阳染红了整座水边的城,我们沐着夕阳出发了。

食人鱼

亚马逊是世界上第二长河(第一是尼罗河),也是全世界水量最多的河流(超过水量第二到第八大河的总量),飞机降落时,我们便可以看到河流两岸茂密的雨林。是这条河孕育了巴西丰富的物产和懒惰的人民。

早晨，我们换乘二十个人的小船驶入亚马逊河狭窄的水道，雨林和老藤就在身旁，不时有一两只凯门鳄躲在旁边，或者碰到海豚跃出水面，和捕鱼人一起捕鱼。

亚马逊河

各种各样的鸟飞过去，向导 Jefferson 说《国家地理》的科学家都无法统计到底一共有多少种鸟类。甚至白鹭也成了这里最稀松平常的鸟。

成双成对的大鹦鹉像大笑一样叫着掠过天空，如果其中一只死了，另一只便会自杀。

BB 再次发挥了死记硬背的特长，一会儿 "Water Chicken"，一会儿 "Fresh Water Seagull"，前面的人回头笑道："Good Job！"

当地居民住在水上，房子用几根浮木搭成的木排支撑着，据说每根木头至少有两百年的历史。

Jefferson 带我们拜访了其中的一家，房子后面的土地是这家人租赁的种植园，里面有各种各样奇怪的热带植物。主人不时热情地从树上摘下奇怪的果子给我们看，然后又从冰箱里拿出他们的晚餐展示——一只冻僵了的穿山甲。

回到大船，我们坐在顶层甲板上用午餐，两岸一片绿色，船开起来，凉风习习。傍晚，我们又换上小船到狭窄的水道去钓食人鱼。水面静静的，映着古树、老藤、白鹭、各种各样鹰的影子。Jefferson 给每人发了一根竹竿——这是最原始的钓具了吧?! BB 却高兴地说:"用竹竿最像小猫钓鱼了。"

不一会儿,BB 就钓起一条食人鱼,说:"没想到今天全船第一条是我钓起来的。"

我的鱼也上钩了,是黑食人鱼,这是食人鱼里最凶猛、最大的一种,最长能到 3 米。Jefferson 拿了一根树枝放到它嘴里,一下子就被咬断了。我钓上来的是全船最大的一条。一个加拿大人叫道:"我们会被食人鱼吃掉么?"Jefferson 答:"那只会发生在好莱坞电影里,先生!"

夕阳西下,船驶到开阔的地方,落霞与孤鹜齐飞,秋水共长天一色。

晚上,我们坐小船去看鳄鱼。月亮圆圆的,它的影子在河水里,伴着我们的船静静地走。丛林里各种各样的虫鸣,我从来没有听过这么多虫子合唱的乐曲,一只猫头鹰站在树梢上,彩云环绕着月亮,星星在天上眨着眼睛。所有人都静静地享受这个奇妙的夜晚。

Jefferson 从水中抓起了一条小的凯门鳄,但不小心却被咬了一口。我和 BB 都不喜欢他去抓鳄鱼,只要有一个安静的晚上,一个不打扰当地生物的旅行,我们就很满足了。

蚊 子

亚马逊的清晨太美了,甲板上,只有我和 BB 两个人,太阳的光辉映红河面,几只淡水海豚在红色的河水中跳跃嬉戏,还有一只很小的海豚宝宝整个地跃出水面并划出优美的弧线。

早晨的丛林徒步又 Tough 又 Boring,我们满以为能够看到树懒,可是只看到了比手掌还大的亮蓝色巨型蝴蝶,像鸟飞得那么快。雨林是属于各种各样绿色的。

Jefferson 给我们介绍成千上万的植物,可是只要一站下来,就有无数蚊虫蜂拥而上。我穿着长袖长裤,可蚊子居然从衣服缝里钻进去,我一抓,满手是血。

船上来自各个国家的同伴都把他们的防蚊药水贡献出来给我，但仍然无济于事。Jefferson 拿出一种臭烘烘的脏油，是从身旁的一棵植物上提取出来的，涂上之后居然马上不痒了，肿也消了。"百步之内必有解药"，这话真对！

Jefferson 带了把长刀，在林子里一会儿砍树，一会儿削枝，还用棕榈叶子做成防雨的房子。他砍开一棵植物，水流了出来，可以饮用。砍开另一棵，中间的木头是干的，就可以用来生火。

亚马逊人生活中所有的一切都取之于此，防蚊的、咬后止痒的，还有盖房子的。制作巧克力粉的植物和制作毒针里毒药粉末的植物在我看来长得一样。

Jefferson 说："我奶奶今年已经一百岁了，她知道这个雨林里所有的事情，比任何一个科学家知道得都多。"

前一天在精品店，我们看到一张当地小孩的照片，BB 说长得很像我。Jefferson 说："其实亚马逊的土著很像亚洲人，特别是中国人。因为他们身上带有印第安血统。这里的语言发音和中文也有相似之处——我们的语言绝对不是葡萄牙语！"

我们跟着 Jefferson 走，看到一朵蘑菇，Jefferson 说："当你看到了蘑菇，就可以和树说话了。"我抬头一看，真的有一棵树，长得像智叟的脸，于是我和 BB 仰起头，向老树精致敬。

下午，我们又换乘小船去水上人家，房主的房子后面有个美丽的大王莲池塘——这是以前我们在小学课本里学到过的植物。再过一个月，大王莲就会慢慢生长并占据整个水面。莲叶可以放得下一个初生的小孩。每朵睡莲只开放 3 天就会凋谢，而且每天晚上 9 点准时绽放，从白色到深粉，每天换一种颜色。

几个孩子划船过来，其中有孩子手里拿着巨蟒和鳄鱼，让人照相。

从这一点来说，亚马逊的生态保护比非洲差了很多，无论是喂猴子、玩蛇和鳄鱼，还是头一天晚上去抓鳄鱼，在我们看来都打扰了这里的生物，是很不环保的。我们自己没有参与这样的活动，没有消费就没有破坏。

晚上是船长晚宴，厨师拿出了他的拿手菜——我最爱的 Surf & Turf。牛排的确好吃极了，非常香嫩多汁，但是龙虾实在太硬了，好像是咬了一段牛皮筋。加拿大老太太走过来，神秘地说："我会在 Trip Advisor 上写，always turf，never surf！"

大王莲

大胆设计的里约热内卢——一月的河

我不知道里约热内卢算不算南美最时尚的城市，Rio 在葡萄牙语中是"河"的意思，巴西有很多以 Rio 开头的城市。里约热内卢的意思是"一月的河"。

Copacabana Palace 是里约的地标性建筑、殖民地风格的白色宫殿，建于1927年，现在属于以美食擅长的 Belmond 集团，它曾经是爵士明星 Nat King Cole 最爱的酒店之一。巴西街头狂欢的起点，也往往开始于此。

坐了30个小时飞机，第一天踏上南美大地，我们在这里舒适的大床上躺下，一个晚上就疲劳全无。

里约有两个著名海滩，Copacabana 海滩是其中最老牌的一个，我们住的酒店就在 Copacabana 海滩最好的位置。早晨醒来，我们去海滩上玩。里约的酒店，都没有私人沙滩，富人和穷人都在同一个海滩上晒太阳，甚至贫民窟也建在本应该是富人居住的半山腰。因此，那个经典的富人和穷人的对话只有可能发生在里约，后来还被演绎成无数版本在世界流传。

故事是这样的，富人对躺在海滩上的穷人说："你应该努力工作，挣很多的钱。"穷人问："挣很多钱干什么呢？"富人说："那样你就可以舒舒服服、踏踏实实地躺在海滩上晒太阳了。"穷人说："你以为我现在在干什么呢？"

我们第二次从玛瑙斯回到里约，住的是 Fasano——Philippe Starck 设计的时尚精品酒店，在里约著名海滩的另外一个——Ipanema。

不知道每个设计师的终极梦想是不是设计一家能够表达自己的酒店，至少在里约的 Fasano 和米兰的 Armani 酒店，都能读到设计大师独特的个性。

虽然都是现代风格，虽然都受到意大利设计的影响，但是 Armani 酒店运用了更多的高科技，而且似乎更加呕心沥血，每个细节都完美到矫情。而 Fasano 则更加轻灵和富有幽默感，并且在现代中崇尚自然回归。

Fasano 前台的桌子是我很喜欢的，非常原生态。后来酒店经理告诉我，这个前台真的是一整棵巴西原生木头制成的。休息区的茶几也取自原木，保留了树木原来的形态。

酒店的顶层游泳池非常著名，可以看到美丽的海滩，简洁的线条里也有大师的影子。英俊的同性恋情侣、陪伴在老富翁身旁身材火辣的情人都在这个顶层出现了。

上了客房区，我们率先看到的是 Gaetano Pesce 设计的那把著名的 "Big Mama"，它的旁边还有一把古典椅子。从镜子里看过去，古典椅子和 Big Mama 出现在一幅完整的画面中，好像是现代设计在向传统致敬。

进了房间，处处能够看到耳朵形状的镜子，睡房墙壁两侧、洗手间、淋浴间、房顶都有这样的耳朵，用活泼的形状将海滩的风景引入室内，就像一个不断变化的风景画框。

Philippe Stack 将自己的个性、巴西现代设计的神韵、其他多位大师的作品在

Fasano 的耳朵游泳池

一个酒店里完美地融合在一起。这是一个完美的奇迹再现。巨大的耶稣雕像张开双臂拥抱着这座城，上帝用六天创造了世界，然后用第七天创造了里约。

热情奔流的伊瓜苏瀑布

伊瓜苏瀑布是我们觉得巴西最好玩的地方，住在 Hotel das Cataratas Iguassa Falls，也属于 Belmond 集团。

Belmond 集团在 2014 年以前一直叫 Oriental Express（东方快车），在来南美的飞机上我又看了一遍电影《东方快车谋杀案》，原来从那时起，东方快车集团就以美食而著称了。

Hotel das Cataratas Iguassa Falls 是唯一一个建在伊瓜苏国家公园里的酒店，早晨 9 点公园开门前，晚上 4 点公园关门后，酒店客人可以独自到瀑布散步。我们被升级到 1108 房间，从房间就可以看到很美的瀑布。

Cataratas Iguassa Falls 也是巴西最古老的酒店之一，有全巴西最古老的电梯，Otis 牌的，黛安娜王妃在此下榻期间还专门体验了这个电梯，并且照了照片。后来酒店才被 Belmond 集团收购。

每天早晨，总是只有我们两人在瀑布旁边，有的时候会在小路上出现几只尖嘴小浣熊，有的时候巨嘴鸟费力地从空中飞过，更多的是群鹰在瀑布间盘旋，壮美而又安静。

清晨，一道圆彩虹跨过峡谷，我们被恶魔咽喉（Devil Throat）的水花淋得浑身湿透，栈桥上只有我们两个人，我们是在与自然的奇迹进行对话。

在酒店派车接我们的路上，司机 Fabiao 说伊瓜苏有三个"不可错过"：直升

伊瓜苏瀑布

飞机看瀑布，坐快艇到瀑布下面，逛鸟公园。

在我看来，真正的"不可错过"是直升机，虽然只有短短的 20 分钟，但能够看到整个瀑布群，非常震撼。前一天我们坐飞机抵达伊瓜苏的时候，看到远处一阵烟雾，好像是大火，我还问 BB 是怎么回事。乘坐直升机时才发现，那像大火一样的烟雾是巨大瀑布溅起的水花。

我最不喜欢的"不可错过"是叫 Macucu 的开到瀑布底下的快艇——我浑身被浇得透湿，到瀑布下面的时候被浇得几乎喘不过气来了。我捂着嘴大口地狂喘，旁边的人则大声喊着"彩虹！彩虹！"

好像除了我之外，全船其他的勇士们都很开心。我们前面是一对韩国老夫妇，居然从瀑布冲过去后，老太太高兴地

从直升机上看伊瓜苏瀑布

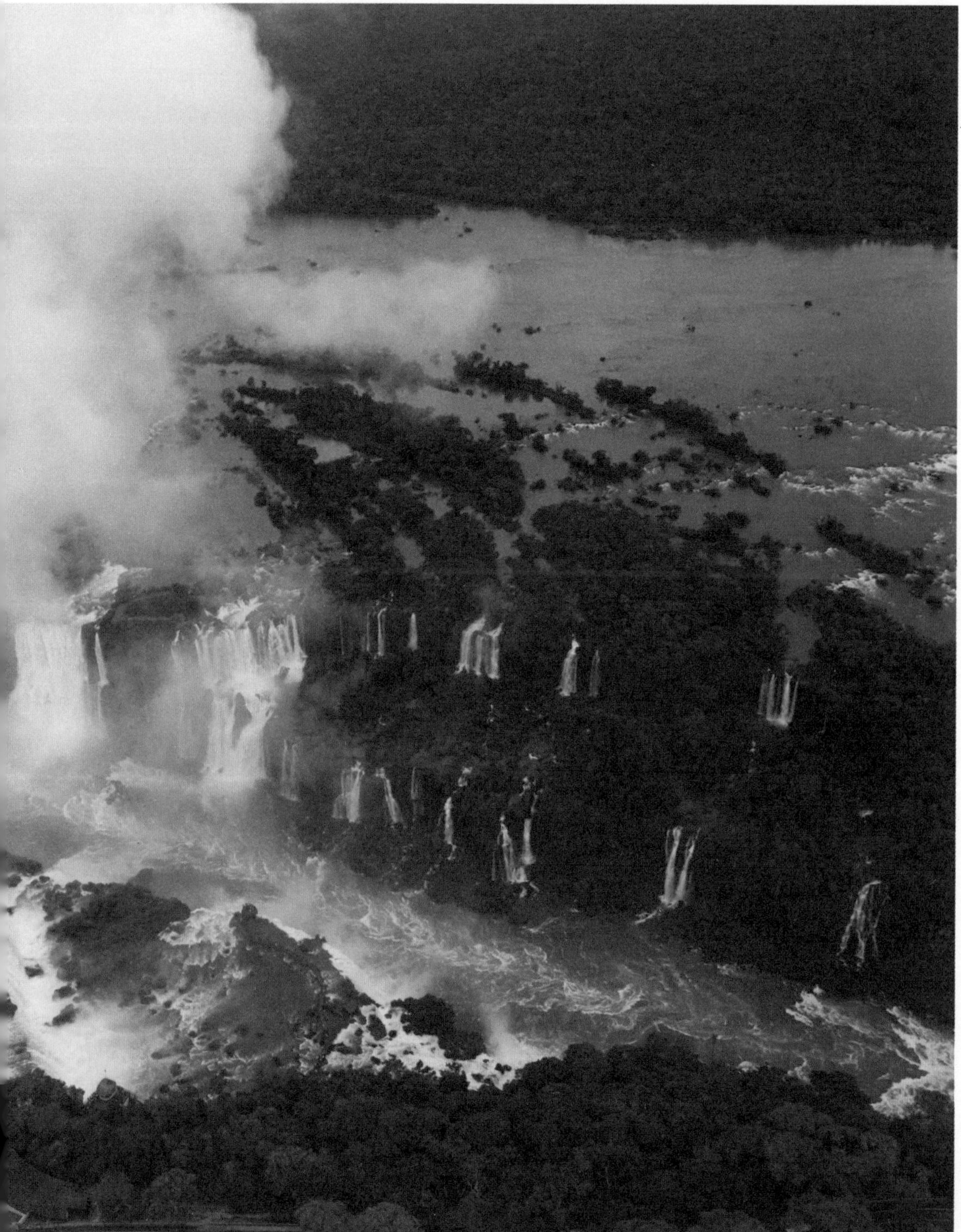

大喊："Once More！"只有我喊："No More！"

BB 用 Go Pro 拍的视频倒是相当 Cool，很有点电视片的意思。也给韩国老夫妇拍了很多照片，因为每个人都不允许带除了防水拍摄设备之外的电子设备上船，老夫妇自己没有照相。

他们走的时候给我留了邮箱，一个劲儿地说这可能是他们这辈子唯一一次南美之旅，希望收到我们帮他们拍的视频和照片。老人的邮箱地址存在我的手机里，后来到加拉帕格斯，我的手机被水淋坏了，没能找到地址发给他们，觉得非常不安。

再后来，故事竟然又因为神异事件出现了变化。我在微信里发表这篇游记之后的第二天早晨起来，忽然在新手机里发现了他们的邮件地址，还有我以前记录的丢失的资讯。于是我给他们发了邮件，老夫妇很快回复了我们："我们回来之后一直在担心和你们失去联系。感谢你们！伊瓜苏瀑布很壮观，Macucu 旅行很特别，而最好的，是能够与你们相遇。"

鸟公园是第三个"不可错过"，里面有各种各样的彩色大鹦鹉和巨嘴鸟，人和鸟都被关在同一个巨大的笼子里。

终于可以近距离地看到橘色嘴的巨嘴鸟（朋友为这种鸟起名为黄嘴乌鸦），这是巴西的国鸟，来自不同国家的人看到它都"Tucano，Tucano"地一阵大呼小叫。其实晚上在国家公园里住着散步的时候，我们也可以看到它们非常费力地成双成对飞翔。据说这种鸟本来并不稀有，只是因为它们长得太不像真的鸟，太可笑了，受到广泛捕捉，才一度陷入危险的边缘。

巴西国鸟——巨嘴鸟（Tucano）

伊瓜苏瀑布全景

晚上，我们在面对瀑布一隅的酒店意大利餐厅用晚餐，夕阳西下，瀑布被映成美丽的金色。BB说："瀑布真是个好东西，跟海参一样，别人什么味儿，它也什么味儿！"

巴西是热情洋溢的，不光里约有热情洋溢的桑巴舞嘉年华，亚马逊有热情洋溢的雨林和蚊子，连伊瓜苏瀑布都用无比的激情尽情奔流。在这里，永远不知道疲倦和停止，生命生生不息！

2015年1月

提示

据说亚马逊雨林最好的季节是6月和7月，那个时候水最多，可以划船到树林中间去。6月，很多树还会开花，林子中会有完全不同的味道。

2015年的里约狂欢节在2月14号和15号两天举行，礼宾说这两天前后，人们都在跳着桑巴舞狂欢，有时候是一千人，有时候是二三十人。很多时候都是从Copacabana Palace门口出发，只要你愿意，也可以跟着一起跳。而14号和15号的正牌表演，是在一个体育馆，每年桑巴学校的学生们在这两天的晚上都在体育馆表演，选择各自要表达的主题，然后评选出桑巴舞的冠军——国王和王后。票价从100美金到4000美金不等。如果你没有买到体育馆的门票，也可以在大街上跟着游行的桑巴舞人群混热闹。

厄瓜多尔——爱得深入骨髓

玫瑰与巴拿马草帽

唐凌云是我所有同学里唯一的外交官,那时还是中学生的我们,都有各式各样的职业梦想,现在看来,似乎只有她坚持了初心。

我们俩在微信上有过这样一段对话,她说:"对于现在常驻的西班牙,我是喜欢。但是毕业后在拉丁美洲工作十几年,对于南美大地,我是爱得深入骨髓。"

我对于厄瓜多尔的喜爱,便是从她的这段微信开始……

玫瑰之城——基多

从巴西伊瓜苏飞了 6 个小时到厄瓜多尔首都基多(Quito),我没想到在世界另外一隅的厄瓜多尔,是个这么友好而有序的地方,开车的人主动给行人让路,素质很高。

酒店 Plaza Grande 在基多老城广场上,是旧日官邸改建的。那天我们到得很晚,我心里还在奇怪,酒店大堂的插花怎么用的是无数巨大的红玫瑰,其他酒店很少见。进了房间，玫瑰也到处都是，我这才忽然想起北京 Rose Only 的玫瑰就是从厄瓜多尔进口的。就这样，我们不经意间进入了神奇的玫瑰之国，掉进蜜罐里。

早晨起来，我们在酒店面对广场的靠窗座位上用早餐。安第斯山脉的印加人披着颜色艳丽的羊驼毯子在广场上游走。

窗外有几个擦皮鞋的孩子，戴着巴拿马草帽的人从这里走过，有的会停下来，拿起一份报纸，把脚翘得老高，孩子们就开始拼命地擦。在他们身后，蓝天白云，山和天离得那么近。

整个山城只见到我们两个亚洲人，有人冲过来冲我们"Coca, Coca"地一阵狂喊〔古柯（Coca）是生长在安第斯山脉的一种灌木，里面含有少量可卡因，当地人用它的叶子冲茶，治疗高原反应〕。

赶上了狂欢节，我们完全忘了是在高原，兴奋地加入其中。刚走近，我们就被热情的游行队伍包围了，被喷了一身一脸一嘴彩色泡沫，然后他们又大叫着跳到远处去看我们。

这天，也是情人节，我们到老城最好的小花店买了举世闻名的长茎玫瑰。小店老板说："4 美金。"BB 说："一支才 4 美金，比中国的便宜二十几倍。"（Rose Only 的要 500 多人民币一支）。对方补充说："一打 4 美金，先生！"

于是，我们又超出期望地开心了一次。

我手捧玫瑰走在老街老巷，所有的人见了都说："太漂亮了！"（虽然语言不通，但我理解是这个意思。）

当然，后来还有个桥段：玫瑰的茎就像小树苗一样粗壮（否则也支撑不了那么大的花朵）。我走了一会儿发现自己好像扛了一棵大树，很快就抱不动了。

在基多老城逛小店，是很有趣味的事情。这里可以买到美丽的小羊驼披肩，是生长在海拔 3000 米以上的羊驼的毛制成，特别柔软、轻薄而暖和。

情节人的厄瓜多尔玫瑰

巴拿马草帽也是这个国度的名品。在彼得·梅尔的《有关品味》里讲了几个故事：到伦敦老铺花三个月的时间定做一双皮鞋，拥有一架私人飞机，还有一个，就是买一顶巴拿马草帽。

厄瓜多尔出品的草帽为什么却有"巴拿马"的名字？以前，巴拿马运河上的工人经常戴这种帽子，人们发现工人们的帽子非常轻薄和柔韧，甚至可以卷成一个三角形的筒，到用的时候再拿出来也不变形。慢慢地，帽子就从巴拿马运河开始闻名于世了。实际上，帽子是由厄瓜多尔一种特殊柔软的草编织而成的。

有本专门讲巴拿马草帽的书，书上说最好的巴拿马草帽产于厄瓜多尔的小镇 Montecristi，只有这里的老人掌握着复杂而细腻的编制工艺。现在，这样的工匠只剩下几十个，每当一位老艺人离开人世时，人们就会说"他去巴拿马了"。因为他生前制作的帽子，大部分都从巴拿马流向了世界。

Homero Ortega 是一个著名的巴拿马草帽品牌，也是个商人的名字。这位商人收集匠人们的帽子，同时也把这种技艺在小镇 Cuenca 上继续发扬光大。

现在，巴拿马草帽已经成了奢侈和财富的象征，爱马仕在戛纳的全球名流聚会上，就专门从 Homero Ortega 定制了特殊的巴拿马草帽，并搭配上自己的丝巾，作为送给贵宾们的礼物。

路过一家咖啡店，可是当时我已经完全喝不下东西了，但很香的味道，于是我站在门口闻了半天。咖啡、可可也是厄瓜多尔的特产。这样小的国家，物产却如此丰美，真是受到上天的眷顾。

晚上，我和 BB 去 Rodolfo Walther Fine Dining，阳台上种了很多花，靠窗的位子可以看到美丽的广场，Ceviche（一种当地特色的柠檬汁海鲜）、野生虾和厄瓜多尔风味的猪排都很好吃。

我说："好棒的情人节，我觉得全世界也找不到另一个能带我到这么好玩的地方来的人了。"BB 说："你特别会表扬她老公，我要继续加油呢！"

最遥远又最接近的加拉帕格斯（Galapagos）

从基多飞两个小时就到了加拉帕格斯——达尔文验证自己进化论的遥远小岛。为了保证环境不被破坏，每年来这里的游客人数都受到厄瓜多尔官方的控制。

早晨，基多老城的酒店帮我们把情人节玫瑰包得好好的，包玫瑰的当天报纸还露出 Amor（爱 ❤）的字样。可是一到机场，花就被没收了——任何物种都不能带到岛上，以免影响生态。

进入加拉帕格斯好像进入了另外一个国家，需要检查护照，并且每人要交 100 美金现金的门票费。一只警犬在大家的箱子四周闻来闻去，都闻好了才允许大家拿行李。

接下来的七天是我们和动物亲密接触的航程，因为岛上没有大型食肉物种，这里的动物都长得很大，保持了最原始的状态，成为世界上最独特的地方。

第一天：Santa Cruz Island，Black Turtle Cov

我们坐的船有 47 个人，叫 Eclipse，除了我们俩之外，其他人分别来自美国、加拿大和英国，其中有几个五六年级到初一初二的小男孩，因为赶上冬季一周的假期，和父母或者爷爷奶奶一起来这里度假。

在安全演习之后，我们坐着 Panga 去看夕阳，鹈鹕和蓝角鸟在海中优雅地捕食，沙滩上有一道道爬痕——这是绿海龟产卵时留下来的。

初到加拉帕格斯，鹈鹕在海边低飞捕鱼

小海狮离人是如此之近

蓝角鸟（Blue-Footed Boobies）是加拉帕格斯特有的一种鸟，很多纪念品都以它为形象代表。我特地查了字典，Booby 是"呆瓜"和"女人乳房"的意思，这种鸟看上去的确呆得可爱，可能就是因此有了这样的名字。

第二天上午：Rabida Island

早晨我们先上了红沙滩，石头非常扎脚。加拉帕格斯每个岛的生态环境都不同，因此官方甚至规定不允许把一个岛的沙子带到另外一个岛上，所以我们每次上船前都要彻底清理鞋和衣服。没过几天，我和 BB 就没有干鞋穿了——所有的鞋都在甲板上晾着。

我们从海滩开始浮潜，两只小海狮在一起嬉戏——它们离人是如此之近。

海水难得平静而又清澈见底，大群大群的五颜六色的鱼游来游去。

加拉帕格斯的鱼个头极大，虽比埃及红海的品种稍微少一点，但数量很多。红海的鱼每一条都长得不一样，但这里每种色彩斑斓的彩鱼都大群大群地一起游。

我跟着一大群蓝色黄尾巴的鱼 Yellow-Tail Surgeon 游着，旁边过来一个圆头圆脑的家伙，我以为是 BB，一看是一只海狮，要不是在水里，我早就笑喷了。

第二天下午：Santiago Island

下午下雨了，我们穿着雨衣去了 Santiago Island 的黑沙滩，还走了很长的路。

礁石上，那么多的 Marine Iguanas（海蜥蜴），稍不留意就会踩到，它们为了取暖而挤成一团。

远处几只 Fur Seal 在游泳，Fur Seal 的英文意思虽然是"毛皮海豹"，但其实也是海狮的一种。在加拉帕格斯并没有真正的海豹。海狮有小小的耳朵，还有

①爬满红钳螃蟹的 Santiago Island 沙滩
②哺乳的海狮妈妈和孩子

大脚蹼可以在礁石上走，海豹就没有耳朵。比起普通的海豹，Fur Seal 的毛是它们的两倍。

夕阳下，红钳螃蟹在礁石上横行，海狮妈妈和小海狮躺在旁边，只听到海浪和小海狮大声吮奶的声音。

第三天上午：Isabela Island, Tagus Cove

早晨，我们六点钟就爬起来去 Isabela Island 看 Darwin 火山湖，走了很远。同行的一个老头不小心摔了一下，腿都破了。

这次旅行来了很多老人，但是加拉帕格斯真的不太适合老人前来，环境艰苦，走路也太多。

船上的乘客们除了小孩，都比我们年长，有的已经退休了。这些老人们都在自己的职业生涯里有非常出众的成绩，对旅行和家庭充满热情，信奉"努力工作，同时好好生活"的价值观。

这些老人经常跟我们开玩笑说："Tony, Annie, 你们这么年轻就已经去了这么多地方，以后像我们一样老了做些什么呢？"

另外一个老人就替我们回答："他们老了走不动了，可以在家里翻看相片，回忆这些旅行。"

我们私下两个人的时候，就会说，有些地方，可能还是越年轻去越好，等我们老了，就到那些特别休闲而且值得一去再去的地方慢慢享受。

所以，如果你有各种各样的 Wish List，什么时候开始都不晚，但还是应该趁早去实现。也许现在不开始，最好的时候就错过了。

第三天下午：Fernandina Island

第三天的亮点是下午的徒步，Fernandina 是个火山岛，有各种各样黑色的火

孤独的海蜥蜴

山熔岩。

大量的海蜥蜴趴在礁石上晒太阳，有的还爬到另外的同伴身上取暖，我们必须走成一条线，才能不踩到它们。

我曾经看过一个纪录片，说海蜥蜴的生命非常脆弱：有的时候海里吃的不够丰富，它们就饿死了；有的时候岩石太热，它们就晒死了；还有的时候，海狮在水里和它们游泳，开开玩笑，它们就没有足够力气游回岸上，于是累死了。

岩石上，有被晒干的可怜海蜥蜴的骨架，还有姿势和表情，好像博物馆里的恐龙一样。

太多的小海狮游来游去，它们的妈妈在岸上晒着太阳。还有一只在水里转着圈

海中转圈的海狮，为了把鱼转晕捕食

海蜥蜴太多了，一只搭着另一只，我们必须走成一条直线才能不踩到它们

捉鱼。向导说已经很久没看到它们这样了。这么逗一会儿，鱼就被转晕了。

晚上，户外烧烤，碰巧是和我们同桌的老人夫妇结婚 50 周年纪念日。两位老人相拥着，老头说："我认识她的时候，她才 12 岁。我和她的兄弟是好朋友，直到有一天，她忽然在我面前长大。我们结婚的时候，我 19，她 17。"

整条船还专门为他们关了灯，在黑暗的海上默默行驶——为了满足老奶奶像少女一样看星星的愿望。

那个时刻，我们分享着他们的幸福，同时也希望我们的结婚 50 周年纪念也是这样在一起的。

第四天上午：Isabela Island，Urbina Bay

Isabela Island 的黑沙滩上，一只鹰抓了几只小海龟，在面前排成一排，一只一只地慢慢享用。

我们在岛上的丛林里行走，几只巨大的陆地象龟拦住了去路。这么大的陆地象龟只有在加拉帕格斯和塞舌尔才有。

据说最早英国人来到这里看到这么大的龟时，就叫它们"Galap"（"马鞍"的意思），后来这个群岛就以这种龟的名字命名。

我们还看到 Land Iguana（陆蜥蜴），它们经常躲在生有毒苹果的丛林里。BB 就不停地说："BB 啊，离毒苹果远一点哦！"

陆地象龟，只有加拉帕格斯和塞舌尔有

第四天下午：Isabela Island, Vincente Roca Point

这一天，最美妙的是深海浮潜，虽然水非常冷，但我们下水不到 3 分钟就看到了海龟。太多的海龟，有小海龟，也有巨大的绿龟，比我还要大很多。经常是同时看到 3 只海龟跟我一起游泳，我的眼睛都不够用了。

海龟们也很淘气，会很近地游到我身边。有只和我一样大小的海龟，和我一起游了半天，它浮出水面换气，我也跟着它一起浮出水面，它就用小眼睛乜斜着我，很不屑的样子。

BB 说他也看到很多海龟，有一只的盖都要顶到他了，于是他把海龟推远了一点。

我从来没有这么近地看过海龟，在海洋公园也没有过，更别说和它们一起游泳了。

新年的开始，太奇妙的经历。

第五天：Santa Cruz

几天的航程，很少晕船的我也晕船了，昏昏欲睡。头一天我蜷在床上睡了

10 个小时。到醒来时我才惊讶地发现，肥皂之类的都在地上。BB 说晚上太晃了，船几乎成了 45°斜角，所以东西都从桌子上掉下来了。可是我已经晕到一无所知了。

这天是中国的新年，终于可以登陆到大岛，享受片刻陆地的安稳。

Santa Cruz 上有一些可爱的小店，厄瓜多尔有很多设计有趣的服饰，"Lonesome George"就是其中最好的棉织品品牌。BB 还给我买了好看的 Blue Footed Boobies 项链作为新年礼物。

第六天上午：Geneva Island

我坐在洁白的沙滩上看书，我脚边却趴着一只海狮。英国老太太笑眯眯地走过来轻声说："这个画面太美好了，它就像你的宠物一样。"

小海狮睡得很香，有时发出重重的鼻息，有时好像梦到什么一样咂巴咂巴

每年 2 月份正是动物发情的季节，所有的鸟儿都成双成对地在一起

这些是还没有发情的 Frigate 公鸟，胸前的红色气囊还没有鼓起来，而且都凑在一棵树上休息；一旦开始发情，它们的红色气囊就会很鼓，且会独自躲到远处吸引异性

嘴，还有的时候会微微睁开眼睛看看我。

临走的时候，我向它挥手，它也拍打着身体向我说"再见"。

2月，正值加拉帕格斯雨季开始，万物生长，所有的动物都在发情。Geneva Island 是加拉帕格斯的鸟岛，灌木丛林里有各种各样的鸟巢。

岛上到处都是在交配的鸟，一只站在另一只身上，扇着翅膀，一点也不怕人。

Frigate 公鸟的红色气囊鼓了起来，吸引母鸟的注意。

企鹅也开始成双成对地游泳，希望多一点恋爱的机会。

毛茸茸的 Red-footed Boobies 的幼鸟像个雪球一样在巢中啼叫。

甚至陆地蜥蜴也缓慢地变成美丽的橘色，相互亲吻。

我看到四只短耳猫头鹰，据说特别特别幸运的人才能看到一只，可是我们看到了四只！其实BB头一天就说我们一定会看到，因为我叫"猫头"。

Red – Footed Boobies 的幼鸟

第七天：Bartolome Island

今天最好玩的是和鲨鱼一起游泳，Bartolome 岛附近有太多的 White Tip Shark（白尾鲨鱼）了，有的时候三只跟着一起游。不过它们不像海龟或者海豹那么贱招，离得至少两三米远。因为海水又暖和、又清澈，我感觉它们就在身边。

以前在马尔代夫或者澳大利亚看到的鲨鱼，总是趴在沙子上休息，而加拉帕格斯的鲨鱼就热闹和活泼多了。

Bartolome 岛是海龟产卵的地方，沙滩上有前晚海龟留下的足迹。之所以鲨鱼这么多，是因为很多鲨鱼和鹰在附近活动，等着吃小海龟。

Panga Ride 的时候，孤独的海滩边，企鹅和海狮愉快地游泳。一会儿，海面上浮起了乌龟壳，竟然是两只乌龟在交配，一只骑在另一只身上。换气的时候，就两只一起浮出水面。

晚上，船员和向导团队与我们道别。向导们做了一个视频，和鲨鱼、海豹、企鹅一起游泳的一幕一幕再一次展现在我们眼前。

向导 Martin 说："希望加拉帕格斯给大家留下的不仅仅是难忘的记忆，还有对环境的保护，无论在哪里，你都可以多做一点点！"

这七天的加拉帕格斯之旅，对我们而言就好像是重新进行了一次军训，每天六点多就起床，不是徒步就是浮潜，晚上不到十点就睡觉了。虽然只有七天，但我瘦了，当然也更黑了，还带上了印加人一样的黑红。以前我浮潜游不了多远，但是后来几天的深海浮潜，很多人都游不过我。穿着 Wetsuit（浮潜或潜水时穿的保暖服）也很暖和，游 1 公里变得很轻松了。

小海狮

达尔文雀鸟

在船上，我看完了《一个人的朝圣》一书，书中有段话是主人公从长途行走偶尔回到城市的感觉："在原野上孤独行走时清晰如明镜的一些事情，在丰富的选择、喧闹的街道和展示着林林总总货物的玻璃窗前，却会渐渐模糊……"

加拉帕格斯的确是一片让一切都变得很简单的土地。

这是世界上最近的距离——和动物，也是世界上最远的距离——离我们居住的城市和熟悉的生活。

2015 年 2 月

秘鲁——太阳的国度

丁丁踏上过的土地

我们终于踏上了丁丁曾经到过的土地——秘鲁。《丁丁历险记·太阳的囚徒》中讲的就是库斯克、马丘比丘和印加王的故事。因为从小喜欢丁丁，我长大了才开始热爱旅行，因此有种朝圣般的激动。

我把自己打扮成印加人的样子，戴上小羊驼的帽子，披上皇家羊驼的披肩，站在带着特殊灰黄色的安第斯山脚下，就像《丁丁历险记》里丁丁的印加朋友索里诺那样。

我们住的酒店 Belmond Rio Sagrado 面对安第斯山和 Sagrado 河，在 Sacred Vallege 的 Ulumbamba 镇。这家酒店在 Tripadvisor 上得到了 9.7 分的高分。

车子一路从海拔 3700 多米的安第斯山驶过，赶上嘉年华，每个村子都在最高的那棵树上挂满气球和彩色烂布条，穿着传统服装的印加人围着"圣诞树"翩翩起舞。

等到拐进一个印加村落，再一转弯，酒店竟然就到了。

安第斯山区村子里的嘉年华会，人们围着村里最高的一棵树跳舞

Belmond Rio Sagrado 酒店本身就是一个精美的印加村落，有二十三个房间，每个房间都是一个独立的印加小屋，精致而又原始。

我端一杯古柯茶坐在院子里，几只羊驼在河边吃草。青草的味道、羊驼粪的味道、桉树的味道和柠檬草的味道混合在一起，小鸟的啁啾、河水奔腾的声音、树叶摇动的声音也混合在一起。

东方快车

早晨起来，前往马丘比丘镇子的东方快车始发站就在酒店前面，每天早上有一班。比尔·盖茨在 2007 年也同样乘坐了这趟火车。

Belmond 给我们安排了最好的火车座位——靠近火车左侧的四人座，其他两个人都是坐在右侧的两人座。BB 说有可能我们成了 Belmond 的贵宾，因为酒店

Belmond Rio Sagrado

房间也给了我们一间最好的 17 号。

火车左侧靠河，一路向下，可以看到美丽的村落、田野，山也渐渐从灌木变成了雨林，甚至有一段水流极为湍急，好像虎跳峡一样。一路上还有很多印加遗址，徒步者在这条 Inca Trail 上行走，一周左右可以到达马丘比丘。

此时我不由得愈发佩服 Herge（《丁丁历险记》的作者），他从来没有来过秘鲁，但是漫画中的一切都合情合理，和我们看到的一样。

三个半小时的车程，一节餐车，一节全景观光车厢，有酒吧和欢乐的乐队表演。我们买了一张乐队的 CD，并请乐手们签名。

受到太阳神的眷顾

只属于我们的马丘比丘太爽了，太震撼了，也太美了。

前往马丘比丘的东方快车

在马丘比丘行走的羊驼

我们住在马丘比丘门口旁的山顶酒店，下午四点之后马丘比丘不让进人，大部分游客都要赶着下山，所以最安静的一面就留给了我们。

来之前，我们在加拉帕格斯船上认识的Tommy一家告诉我们一定要带雨衣，因为现在是雨季，几乎无时无刻不在下雨，他们待了一周，只有一个小时的晴天，已经很感恩了。他们给我看的照片都是在云雾里的，和北京雾霾天照的照片也差不多。酒店的工作人员也说现在是雨季，天气变化很快，他也说不好一会儿天气是什么样。

可是我们的马丘比丘竟然是晴天！最美的Waynapicchu（经典照片里那座古神庙后面的山峰）如此清晰地呈现在我们面前，云变幻着，在古老的废墟和山上映出美轮美奂的影子。

上车时，东方快车的服务人员很小心地问我们是否有私人向导，没有的话他们会带车上所有的乘客进行游览和讲解。可我们就是想这样自己不紧不慢地走走坐坐，这种感觉，就像有一次和三五好友跑到没有人的长城上，被温暖的阳光照

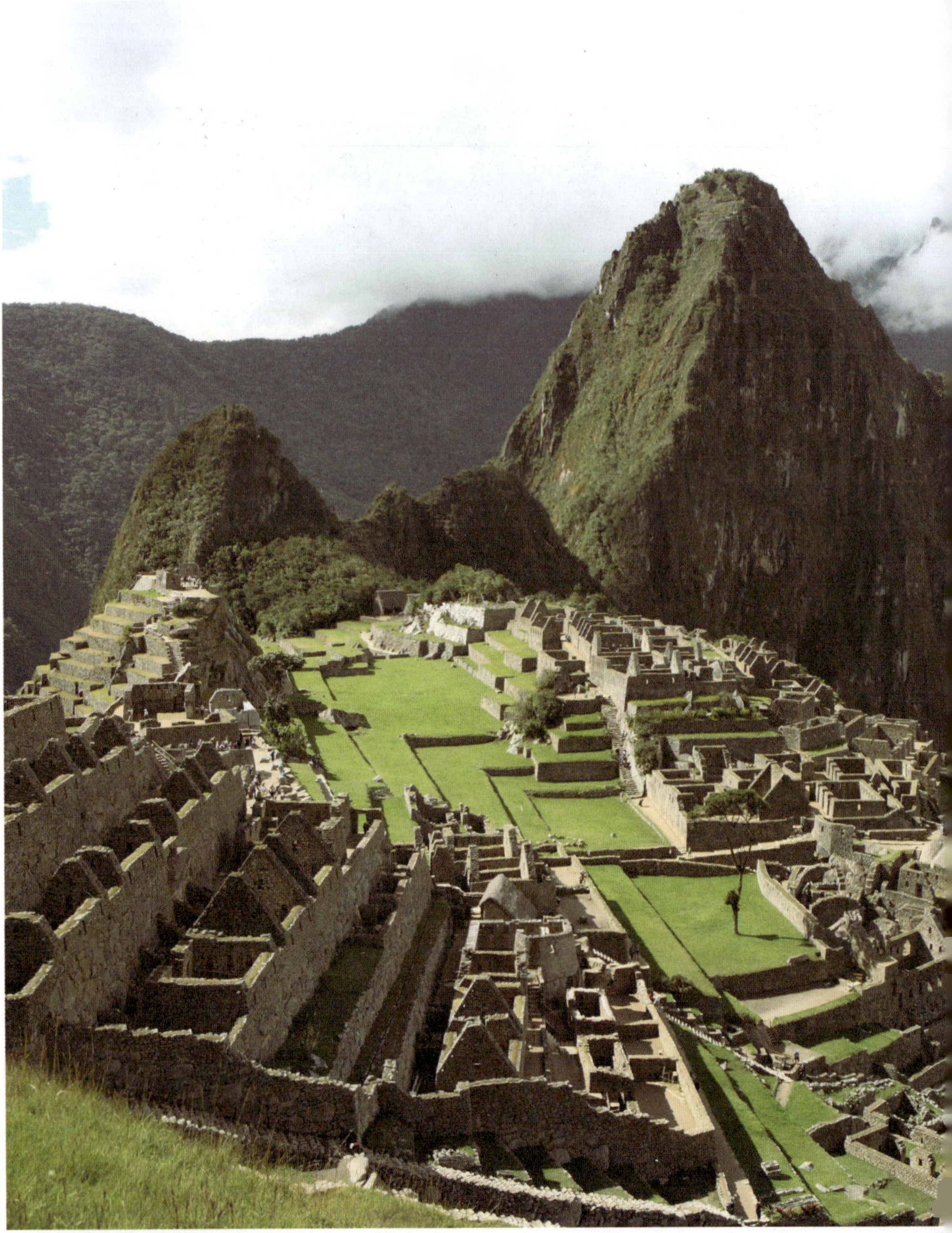

耀着唱歌；也好像下雨天我们会跑到故宫去，因为只有那个时候没有其他的游客，能够感受昔日皇权的威严。

一只羊驼从废墟中向我们缓缓走来。两只长得像兔子但是有松鼠尾巴的动物在神庙的窗户前亲吻。

我对 BB 说："我相信现在还有印加王，他还住在这个山里，也许是在地下宫殿。"

于是我向神山和神庙深深地鞠躬行礼，感谢神赐给我们膜拜真容的机会。

回到酒店，我独自坐在平台上，天空微微下起了小雨，忽然，我大叫起来，一条清晰的彩虹横跨山间，这让我更加相信神的存在，这是太阳神的圣迹！

2015 年 2 月

傍晚时分的马丘比丘，只有我们两个人

台北慢旅行

　　台北的趣味，不在她的高楼大厦、现代繁华，否则你会觉得这里还不如大陆的二线城市，她的容颜藏在在慢慢行走中发现的老街老巷、用心小店里，她像年轻的小姑娘，洋溢着最真诚的笑容，又像经霜的老婆婆，保留着最旧派的传统。

　　住在台北的人，都幽默、悠闲，又很会寻开心。

　　即使是出租司机，也写得一手好字，谈得风花雪月，我们包了三天车的刘先生，穿一袭中式大褂，手持一柄纸扇，常会到礁溪的五峰旗瀑布呼吸负氧离子，或到九份山顶泡一壶清茶。

　　本地人经常光顾的夜市中，也随处可见台式的幽默。卖胡椒饼的小摊摊主骄傲地挂起"饶河起源摊"的旗帜；只卖肉羹、面线、米粉三样小食的店家，竟有做成百年老店的志气；卖甜不辣摊子的也要立个电视，贴上"亚洲第一"的标识。

　　而这样的用心和自豪，都点点滴滴地渗透在一小碗一小碗的食物里。师大夜市里永丰德记的煮臭豆腐滋味无穷，鸭血汤香糯，五更肠旺汤里的大肠很嫩。

见到大肠面线，我们更是狼吞虎咽一扫空，以至于隔天大老远地再去，听说面线刚刚沽清后，每个人都带上特别遗憾的表情，还互相安慰着说下次再来。

饶河夜市里我们碰到相伴而行的同事，一个人捧着胡椒饼，另一个举着大相机聚焦。在这样的城市，两个老男人也沾染了发现小乐趣的心情。我们到果汁店里坐下，相视而笑，乱糟糟的空气里弥漫着木瓜牛奶般的香醇。

当然也有不怎么好的小吃。因为《流星花园》里杉菜的爸爸被称作"甜不辣先生"，我们就点了甜不辣——原来是面粉做的难吃糕。于是可怜的甜不辣被当作菠萝油条虾和乌鱼子一样被朋友们记了我的黑账，说是这些食品的一致特点是谁都不知道是什么，一试都很难吃。

比起大相机，在我看来，台北是更适合手机拍照的地方，总是有很多美丽的角落等人去信手抓取。中山北路有家散发香气的桧木小店，卖各种老式的日杂（日本人喜欢泡澡用的木桶也是桧木所制，遇到水也不会腐烂开裂，被称为台湾名木）。

BB不小心碰坏了木梨的长柄，老店主不急也不恼，我们倒不好意思起来。我挑了佛前用的卜杯和放在洗澡间的小桶，每人都买了桧木的饭勺和捞面筷子，这样吃饭的时候该是多么香喷喷和美好。

除了一般市民可以消受得起的野趣，台北也不乏极致所在。周末，阳明山像香山一样热闹，而隐匿在北投山林中的三二行馆，我们的车来回开了几次才找到。男女分开裸汤，无所遮拦地躺在群山环抱的偌大汤池之中，颇有杨贵妃般的尊享感受。独坐幽谷，捧一杯茶，望着不远处冒着热气的湖水，睡意渐浓。

每天晚上逛街回来，其他人打牌，我就捧着书让大家挑选第二天的行程，大家总是很快就能在诸多选择中达成一致，然后充满期待并兴高采烈地响应和行动；即使遇到变化，大家也会找出各种理由说明我们的变化是多么英明、合理和幸运。

这是慢台北里的好心情。

台北郊外的几种表情

宜兰的小清新

每次想起小小的稻田和旧屋，我就觉得宜兰是个梳着麻花辫、穿着白衬衣从路边骑单车经过的邻家姑娘。印象中台湾的老电影，就是这么个样子。

有人说，如果你不想坐太久车，也不想花太多时间规划，就到宜兰逛逛。

早晨，林午的铜锣老铺静悄悄的，院门大敞，院子里码放着老旧工艺铜锣。对面铺子的老板走过来，说林家今天没有人，到庙里玩去了。还推荐这条街上的绿豆牛乳和肉羹，让我们特别感到小镇人的亲切。

北门绿豆牛乳果然排好长的队，很多本地人在等，老板为了绿豆的细腻，一杯杯地慢做。我们也耐心地慢等，然后捧在手里，喝一大口，很有小时候小豆冰棍的感觉，细致又清凉。这一切都让我想起老家，我甚至开始想象莆田老家曾经开过的酱油铺，在曾祖母的辛勤打理下，或许就是这样传递着和气生财的道理。

礁溪老爷大酒店，是礁溪最好的温泉酒店，这里的泉水可以让皮肤顺滑，对颈椎病和胃病也很有好处。野趣的风吕（在日本，人们称洗澡为"风吕"），可以把自己泡在大缸里，也可以到瀑布泉去玩"堵枪眼"，每个人都带着孩子般的烂漫。到了傍晚，这里的老人就到温泉浴场外的的公共泡脚池里泡脚，仿佛杨绛《洗澡》里老街坊的亲近。

宜兰的礁溪球场，也有邻家姑娘的韵味：球童一带三，能干又幽默；山岚在青山间缭绕，群鸟啁啾，满山遍野的桐花好像山间飘飞的白雪，五峰旗瀑布从天边倾泻而下，翡翠般的湖水隐藏在丛林之间。虽然球道的维护相当粗陋，可凭着风景和贴心服务，这里还是成了台湾排名第二的球场。

晚上，沿着弯弯曲曲的田间小路、经过孙猴子变的土地庙，我们开车到了永镇庙口的海鲜老店，小小的门脸，里面坐满了本地老饕。

冬林和小辉忽然看到找了一下午的单车出租小店，过去搭讪，竟又发现了店主自制绿豆糕的美味。旅行中的"发现"和"分享"，永远是最快乐的时光。

我们在海鲜老店里点了炒饭、炒葱、烤鱼、烤虾、墨鱼香肠和炒笋，每上一道菜就被我们风卷残云地消灭干净。最棒的不是镇店名菜的烤鱼和自制墨鱼香肠，而是炒三星葱和香喷喷的榨菜炒饭。

被誉为"天下第一美味"的三星葱，生长在宜兰近旁的三星镇，其身价之高无菜可比，据说台湾的菜市场每天按照先到先得议价，唯三星葱要先定下它的价格，别地的葱不能比它更贵，甜嫩葱白，水嫩葱叶，这味道可是赛过任何海鲜大餐的。真是"得来全不费功夫"！

吃过饭，趁着单车店老板打包绿豆糕，我们走两分钟就到了海边步道。这时，一道闪电在黑暗中划过长空，又在辽阔大海上消失。我们的谈笑盖过了涛声，那时候，我真想清晨在宜兰的海边醒转，再花一天时间到海边和乡间探秘寻幽。

九份的成熟风韵

相比宜兰的清新，九份是有故事的风尘女子，外表艳丽，内心孤傲。

一天中九份最美的时间是在日暮时分，三五知己坐在270°风景的楼顶喝茶，唱着老歌。向深澳港望去，渔船在远海卡位，等到天空从深宝蓝到一片漆黑，海面就亮起点点渔火，渔家开始为夜晚捕捞小卷做准备。小猫安静地趴着，和我们一起欣赏日落。

朋友感叹道："最美的风景不需要一个长下午，只需要短短的 10 秒钟即可。"

这时候，九份老街的红灯笼也亮了，写着"越夜越美丽"的字眼，好像宫崎骏《千与千寻》的场景。镇子的熙熙攘攘已经褪去，海边巷子里散发着好闻的香火味道。

只要不在老街上，马上就会进入安静的街道，有开满鲜花的小食店，充盈着绿色的陶艺馆。当然，九份也有她的狡黠和市侩，能否发现她的美，就看你的眼睛。

著名手绘石头猫起源于九份，朋友给他的儿子和太太各选了他们星座的石头猫和兔子，店主人又送了一个狗狗冰箱贴给他，他说："这太好了，连我家狗的礼物都有了！"我也选了自己喜欢的猫头鹰和黑猫。回家后我发现，黑猫叫"大小姐"，喜欢美食和逛街。看来她的性格也很中我的意。

薰衣草天堂是另一个我喜欢的店家，淡淡的紫色和大狗熊、布娃娃也很相配，可惜没有太精致的用品。某个想采购薰衣草精油的家伙被我拉走了，于是他自我安慰道："对，对，咱上普罗旺斯买去！"

九份，曾经有过静寂，受过磨难，如今却浓妆艳抹地华丽着。我们就这样走过，拾起她隐藏在其中的玻璃心。

后　记

旅行感受是非常个人的东西。回来时我们碰到从鹿港小镇回来的涛哥，他摇着把当地定做的纸扇，他告诉我们说他最爱在 7/11 买一盒铁路便当，享受坐在门口喝啤酒的时刻。

也正因此，才会有这一小段文字，记录我自己和朋友们彼时的小事和心情。

附录 | 在路上，带什么？

一本早想阅读的书。很多时候，即使是商务出差，我也会带上一本书，在等待飞机起飞的时候阅读。旅行的时候，是最好的阅读时间。一个同事在出外休假的自动回复邮件上写着"我现在正躺在阳光海滩读一本很美的书"，谁好意思再去打搅她呢？

面膜。特别是长途飞机，或者到大提顿这样荒野的地方，皮肤经常会变得很干、很差，需要很多时间去调养，因此，补水功能的面膜是必需的。

Shiseido 的金色瓶防晒霜。临走前可以到首都机场免税店带上一两个，特别好用，不会非常黏，小小一瓶，一次就可以用完。

Chanel 的墨镜和阿迪达斯运动墨镜各一副，适合不同的场合需要。

假如你有在路上手绘和笔记的习惯，好用的笔和本子非常重要：

彩色铅笔。意大利的文具品牌 Fabriano 有很美颜色的小彩笔，带着方便。这一品牌还有整套的便携水彩，也很不错。

旅行笔记本。我推荐 Midori 的 Traveller's Notebook，皮质封面越用越好看，封底总是写着这样一句话："For all the travelers who have a free spirit（给所有具有

自由精神的旅行者）。"这种笔记本的纸张非常好（比 Moleskine 的本子纸张质量好很多），而且任意发挥的小方格的确也体现了自由精神。还有日本的一种折叠式的和式小本，名字叫铃木松风堂和杂记账，纸张特别贴心，本子页数不多，很适合两三天的短途旅行，即使在京都也很难买到，我每次看到会买上好几本。另外，就是 Fabriano 的手掌大小的本子，样子好看，制作于意大利，适合两周以内的旅行笔记。

一个能够随身携带的轻便时尚手袋。很多时候，去 Fine Dining 或者逛街，是不能背一个双肩背包的。为此，我推荐 Loewe 的小羊皮手袋，放在箱子里也很轻便。

一两条时尚轻便的连衣裙，一条小羊绒披肩，一块漂亮的布（可以用在海边），一双轻便好走的平底船鞋，一双时尚的运动鞋，这样无论是去海边玩、逛街，还是 Fine Dining，都能够满足要求。

Eagle Creek 打包袋。有时候去一个特别丰富多样的国家，要打包的东西就特别多，比如既要带游泳衣，又要带徒步的服装和登山鞋，还有高尔夫的服装和设备，甚至浮潜的装备，所以特别需要用不同的打包袋把衣服和配件整理好，就像一个流动的衣橱一样。可以混合和组合使用 Pack-It Half Cubes、Pack-It Specter Compression Cubes，以及 Pack-It Specter Cubes，而且材质轻薄到几乎没有重量。材质设计也很巧妙，半透明，这样不熟悉的人肯定不知道打包了什么，但是自己能够一清二楚。好处是当你只是在某个城市过一夜的时候，不用为了找睡衣而把整个行李都翻一遍。

Eagle Creek 的双肩背包，自重特别轻，有专门放电脑的地方。有时候商务出差我也会背着它。

如果去登山，我会带瑞士 Mammut 的 20 升登山包，Merrell 的 Trek 鞋，Leki 的登山杖（可以收缩，极为轻便），专门的登山袜、登山裤，一个多用脖套围巾，Sigg 的户外水壶。

对于户外服装来说，我强烈推荐 ARC'TERYX 始祖鸟的壳和小棉袄，特别轻便，而且是女士户外服装中唯一带一点点收腰、穿起来很好看的。我几乎尝试过所有著名户外品牌的壳，我认为始祖鸟的最好。

Leica 相机，非常适合文艺的地方，能够拍出不一样的感觉。自重比佳能相机轻很多。现在只有去草原照动物才需要佳能。

配合 Leica 有一种皮质相机包，ONA The Berlin Leica 款，特别有型，Tony 最爱。可以直接放在 Rimova 行李箱上拖着走。

此外，Rimova 行李箱有几款限量款，也是我们的大爱，比如巴西限定的雨林款，绿色箱子镶着奶油色皮边，很独特。

朋友的祝福

爱是一切的答案

电影《怦然心动》有一句台词，深深地打动了我："有天你会遇到一个彩虹般绚丽的人，当你遇到这个人后，就会觉得其他人只是浮云而已。"有一天，我遇到了 Annie 和 Tony 这一对璧人，常常感叹他们就是我理想生活的现实版本。在年少的时光相遇，伴随彼此的成长，欣赏对方的一切，牵手去探索这个美妙的世界。他们自己就是一个小小的世界，温暖而悠然自得。拥有莫名的魔力，吸引着周遭的朋友。他们的散发着艺术气息的家，是朋友们欢聚的港湾，无论是夏日星空下的烤肉趴，还是圣诞欢歌中的旗袍趴，各种不同的主题让大家惊喜连连。他们像纽带，将拥有同样灵魂的人连接起来，让大家认出彼此，惺惺相惜，共同分享生命的感悟与喜悦。

生而为人，总会对我们居住的这个蓝色星球怀着无穷的好奇心，相信每个人的心底都会有一个环球旅行的梦想。但是，由于种种羁绊，真正实现梦想的人少之又少。Annie 和 Tony 是梦想的践行者，他们用心灵感悟世界，用双脚丈量世界。生命是一场爱的流动，让我们追随他们在美景、美食、美梦、美丽的人儿身旁穿行。如果世界是河，生命是舟，爱，就是双桨！

——霜晨

有些人，是天生不同于一般人的，仿佛有神奇的魔力，能把平常的生活变出光亮，他们有极坚定的信念、极纯净的内心，有对情趣和美的极致追求。致我最亲爱的朋友：我愿此生都和你们时常相伴，直到白发苍苍！

——小咴

我与熊宜一起去过挪威，他白天与我们一路奔波，半夜还要按照时差与国内的同事沟通，指挥项目实施。这些能让人体会到十五年熊猫旅行的不易。

记得在轮廓曲折、崖壁陡峭、恬静幽深的峡湾，让你喜欢这里、珍爱这里，好似我们已不再是匆匆的过客；登上附近海拔两千多米的山坡，那与馒头一样大小的野蘑菇、深度覆盖的野果植被，让我们感受到挪威人民对大自然的热爱。

旅游能够延展生命，摄影使人追求美好、关注细节、保存记忆，这些正是熊猫的爱好，也为他们的事业提供了很多帮助。祝他们的事业和旅行取得更辉煌的成果。

——卢山

很多年前，在我刚认识猫头的时候，她说她是泰国人，因为太爱泰国了，她已经和小熊去过十几次了。那时候我还没去过泰国，不由得充满向往。后来当我被吊在清迈最长的丛林穿越的绳索中间半个小时等人营救时，双手死命抓着绳索，脚下悬空的是几百米的深谷幽兰，一门心思只有：打死我也不来泰国了！

当我再次和猫头聊起旅行的时候，她说她的最爱变成夏威夷了，等她和小熊退休以后准备每年都要去那里待上至少半年，于是我和大麦又开始对夏威夷充满了好奇。两个海岛无感症患者居然说走就走，去了那里，在大岛锲而不舍地四次前往 MaunaKea 只为看上一眼据说足以改变人生观的浩瀚银河，结果每次都遇上暴风雪封山。说好的一年 365 天中的 360 个晴天呢？

当我们从夏威夷回来的时候，猫头和小熊的最爱又变成了京都，他们每年 12 月都去虹夕诺雅看红叶，之后直接预订来年的房间。安静禅意的秋山，沉浸其中，归去来兮。为此，我和大麦又把京都设为了我明年产假复出后的第一站目的地。

为什么我们总是追随不上熊猫的脚步？为什么就算我们去了他们曾经走过的同样的地方却看不到他们描绘的最美风景？为什么我们总是难以逃脱东施效颦的宿命？

不过，当大麦和朋友们使尽吃奶的力气将我拉回索道尽头的树屋，大家哈哈大笑地拥抱着我这个受到惊吓的"倒霉鬼"时；当我们一次次追着云驶向

MaunaKea，当旅途只剩下我们时，我们眼中的火山、我们车下的路伴随着我们心底的歌：没有什么能够阻挡我们对自由的向往！

当我对漫长的孕期和产后忧郁的恐惧又减轻了一点时，我又开始期待京都的旅行……

感恩有熊猫这样的朋友，他们总能带给我们精彩的想象，一直鼓励我们去寻找属于自己的最美旅行，和旅行中最美的故事——我们自己的故事。

——Tracy和大麦

普通青年：阅尽人间风景，吃遍天下美食；文艺青年：认识你俩加起来超过50年，希望还能陪你们走过100年；2B青年：狂虐单身狗的一对儿闪瞎老同学的眼。

——荣荣和王川

爱人知己，风情文艺，于小情怀中见大感情……祝Annie和Tony及所有有情人生活充满新鲜色彩，人生每一天都宛若初见！

——张欣亮及爱人

相识10年。Annie是我第一次实习的项目经理，也是我旅行的启蒙者。

印象很深的是她说她和熊把80%的工资都用来旅行了，这种潇洒恣意的生活实在令人向往。后来，我也成了顾问，也会每年把假期用光，让路上的那些天成为照亮一年的点点星光。

等到我自己在路上，我会惊叹他们的精力——

两人都兼顾那么多项目，居然还找得到时间旅行；

这也罢了，还在旅途中边走边写长篇游记；

这也罢了，还能在假期开电话会议并回复工作邮件；

这也罢了，工作、旅行完全互不干扰，工作的头绪再多似乎都不会影响他们旅行闲适的心情，仿佛真的能在两个频道间迅速切换。

我想起张居士说过的：吃饭时想吃饭，睡觉时想睡觉，念经时想念经，此乃修行。

——乔伊斯

对生活的憧憬和充满激情，对美的追求和执着，熊猫的最美旅行给他们的家人和朋友带来了快乐和惊喜，也成就了他们专业和坚韧的职业精神。希望能读到他们更多的美文，也将这如歌的行板分享给更多的人。

——高智和李煜敏

两小无猜，青梅竹马，相濡以沫，白头偕老……费尽心思我也找不出一个能贴切代表你俩的最佳词句。

相识在旅途，更有幸跟随你俩，字字句句，发现一个个从无到有的美景，体会着那份旅途中遇见的一切的美好。分享是人间最快乐的事，我愿更多的人沿着你俩的足迹找到属于自己的幸福！

——伦家

希望永远的未完待续。

——不二

满满的爱意，溢出一点点。我会在我的好朋友中间分享这份美美的爱与执着。

——罗龙保

旅行让生活充满了诗意，期待下一个远方的精彩！

——Renyan

外面的世界很精彩，带着开放的视野，活出精彩的人生。

——一位粉丝

愿你们幸福的脚步走遍世界最美的地方。

——黄波

这是一本 Tony 和 Annie 历经多年跨越大洲、飞越大洋、翻越大山、横越大江大河的呕心力作，其所见所思所想汇成美丽的画卷和灵动的文字呈现给大家，是一本值得珍藏的世界旅游指南。

——汪鑫

一幅幅美景、一个个感动的背后，是一种坚持、一份热爱，这 25 个故事的意义不仅仅是分享一种美，更多的是传递一种做事和生活的态度。

——德至咨询联合创始人 胡子楠

Annie 和 Tony 一直是我的老板和好朋友，他俩对生活的态度让我羡慕不已，看到了某种仪式感，用爱感受美丽，用心丈量世界，期待他们带来更多的最美风景！

——永刚

祝熊猫爱的足迹遍布全球！

——夏玲芳

这世界不只有平日的苟且，还有诗和远方，要么阅读，要么旅行，让身体和灵魂总有一个在路上。

——Kevin Wei

心随林动，境从岚出。

——张华

祝神仙眷侣悠游一生！

——雷磊

手艺人看到别人有创意方面的表现，不免要激动地支持一下。祝愿你们生命中继续实现个个小小的梦想！

——钟晓京

最美的岁月，最美的回忆，期待你们创造更多的"最美"！

——于震

不同的地方，不同的风景，不同的人生，就是熊猫的最美旅行。

——喻军

追寻最美的风景，绽放最开心的笑容，熊猫永远自由！

——陈志鹏

你是我的眼，带我去看世界。

——宋轶

看遍世界风物，美好驻留心间。活到老，行到老！

——刘力

如果要选"人生导师"，熊猫便是最好的人生导师了。《在一起 在路上》记录的不只是一场场精彩的旅行,更是一种有能量的人生态度。爱生活,爱上熊猫的最美旅行!

——Wiki Zhao

安妮,喜欢你的梦想和文笔,希望你继续走遍天涯,看尽人间美色,一直到老。你和 Tony 的生活与情怀,朋友们评价是"神仙眷侣",哈,那就继续干脆地逍遥下去,我们凡尘俗人,就好好地在一边看看书,深深的羡慕吧!

——Maggie Chen

熊猫的最美旅行,带给我们的不仅是美食和美景,还有积极的人生态度和美好的爱情。

——小 Q 晗

我一直在拜读作者的旅行游记,文如其人,干净利落,有温度,不矫情。作者不仅把自己的所见所感所悟记录下来,还把这些最美的东西分享给大家。

旅行没有终点,祝福 Annie 和 Tony 的下次旅行更加精彩!

——一名读者

图书在版编目（CIP）数据

在一起 在路上：熊猫的牵手之旅/ 林岚著；熊宜摄影. —北京：华夏出版社，2016.1

ISBN 978-7-5080-8613-2

Ⅰ．①在… Ⅱ．①林… ②熊… Ⅲ．①旅游指南－世界 Ⅳ．①K919

中国版本图书馆 CIP 数据核字(2015)第237997号

在一起　在路上——熊猫的牵手之旅

作　　者	林　岚
摄　　影	熊　宜
责任编辑	李雪飞
出版发行	华夏出版社
经　　销	新华书店
印　　刷	北京金吉士印刷有限责任公司
装　　订	北京金吉士印刷有限责任公司
版　　次	2016年1月北京第1版 2016年1月北京第1次印刷
开　　本	787×1030　1/16 开
印　　张	19.75
字　　数	258千字
定　　价	62.00元

华夏出版社　地址：北京市东直门外香河园北里4号　邮编：100028
网址：www.hxph.com.cn　电话：(010) 64663331（转）

若发现本版图书有印装质量问题，请与我社营销中心联系调换。